Robert Forrer

Mein Besuch in el-Achmin - Reisebriefe aus Ägypten

Robert Forrer

Mein Besuch in el-Achmin - Reisebriefe aus Ägypten

ISBN/EAN: 9783744654340

Hergestellt in Europa, USA, Kanada, Australien, Japan

Cover: Foto ©Andreas Hilbeck / pixelio.de

Weitere Bücher finden Sie auf **www.hansebooks.com**

Mein
Besuch in El-Achmim.

Reisebriefe aus Aegypten

von

R. FORRER.

Mit 33 Abbildungen und XIII. Tafeln.

1895.
Strassburg i. E.
Verlag von Fritz Schlesier, Strassburg i. E.

Vorwort.

„Meinen Freunden als kleines *Reiseandenken* gewidmet" — so lautet die diesem Büchlein vorgesetzte Widmung, und so bitte ich den Leser, diese kleine Schrift aufzufassen: *Als einen erzählenden Bericht über meine Nilreise, meinen Besuch in Achmim und meine Ausgrabungen daselbst.* Man erwarte also weder eine trockene wissenschaftliche Abhandlung, noch aber Reiseaufzeichnungen voll spannender Erlebnisse. Trotzdem werden meine Freunde und jene Achmims an manchen Abschnitten länger verweilen und darin selbst Neues, bisher Unbekanntes finden, denn wie Ursache und *Zweck* der Reise *wissenschaftliche* waren, so kommen deren Resultate ja in erster Linie wieder *der Achmimforschung* zu gute und all' den verschiedenen Wissenszweigen, die an dieser reichen Quelle neues Material schon geschöpft haben und aus ihr noch erhalten werden.

Als einem „Reiseandenken" für meine Freunde und zugleich auch für mich selbst, habe ich dem vorliegenden Büchelchen eine Anzahl photographische Aufnahmen von allgemeinem Interesse beigegeben. Ein Teil derselben ist gänzlich neu, andere erschienen mit den Reisebriefen 1894 und 1895 in der Strassburger „Antiquitäten-Zeitschrift", an deren Redacteur Dr. G. A. MÜLLER sie adressiert sind. Das Interesse, das sie dort gefunden haben, giebt mir die Veranlassung, diese Reisebriefe in durch Abbildungen erweiterter Form in der vorliegenden Gestalt darzubieten.

R. F.

Inhalt:

Vorwort 5
I. Von Strassburg nach Cairo 11
II. Die Pyramiden 15
III. Nach Sohâg und Achmim 23
IV. Vom Gräberfelde Achmim 29
V. Die Ausgrabungen 38
VI. Ueber die Datierung der Gewänder und Stoffe von Achmim 49
VII. Die Funde von Achmim 59
VIII. Der Mumientransport 66
IX. Meine Entdeckungen in Achmim-Stadt . . 70
X. Nach El Menschie-Ptolemaïs-Hermiu . . 79
XI. Von Girgeh nach Kene und Luxor-Theben . 81
XII. Aegyptens Antiquitätenhandel 97

Die Tafelbeilagen:

I. Gräber und Ruinen beim Scherbenberge in der Stadt Achmim 71
II. Pyramiden und Sphinx von Gizeh 17
III. Kuppel einer Kairoer Moschee 14
IV. Arabische Mumiengräber 38
V. Gemustertes Seidengewebe 50
VI. Ein koptischer Antiquar 98

VII. Eine arabische Tänzerin 89
VIII. Inneres eines königlichen Grabes bei Medinet-Habu
(Nakhts Grab) 96
IX. Der Mumientransport 66
X. Tunika mit schwarzfarbigen Clavenbesätzen (römische
Epoche) 54
XI. Tunika aus zottiger Leinwand, für die kältere Jahreszeit bestimmt, mit rothen Claven. Aus spätconstantinischer Zeit. Einzelne Clavenstücke von andern Tuniken
und eine zweifarbige Mütze 55
XII. Tunika mit Gürtel, aus frühbyzantinischer Zeit . . 55
XIII. Byzantinische Tunika, vielfarbig 56
Publicationen desselben Autors . . . . --

Erster Brief.

Mein lieber Dr. Müller!

Diesmal habe ich Italien *im Fluge* durcheilt, denn es galt *weiter* gelegenen Zielen entgegenzustreben, es galt einer Fahrt durch *Ägypten*, hinauf nach *Luxor*, *Karnak und Theben*, vor allem aber — und dies war ja der Hauptzweck, der Ansporn zu meiner Reise — *Achmim zu besuchen* und seine vielbesprochene, aber nur von Wenigen gesehene christliche Nekropole wissenschaftlich zu untersuchen. — Ich habe Ihnen schon oft die Schätze Achmims vorgeführt, aber ich habe leider stets auch betonen müssen, dass irgend eine wissenschaftliche Untersuchung der Totenstätte des christlichen Panopolis bisher nie stattgefunden hatte. Dr. Bock, der wie Graf die ersten derartigen Stoffe in den Handel brachte, war *nie* hier; die grössern und kleinern Publikationen, welche über die Achmim-Funde erschienen sind, behandelten stets nur die Funde, ohne dass durch *eigene* Anschauung die Fundumstände jemals sichergestellt und bekannt gemacht worden wären. Was man über diese wusste, gründete sich auf Notizen, welche die Zwischenhändler und Agenten Dr. Bock, mir und Anderen mitteilten, und es ergaben sich derart zwar dankenswerte, aber eben doch nur allgemeine, oberflächliche und vielfach ungenügende Fundberichte. Diesen Mangel rügte ich bereits im ersten Bande meines Achmimwerkes und gab damals der Hoffnung Ausdruck (1891, R. Forrer, Die Gräber- und Textilfunde von Achmim-Panopolis), dass es mir vergönnt sein werde, *später einmal den Fundort persönlich untersuchen und dann eingehendere Nachrichten über diese ganze Erscheinung darbieten zu können.*

Und das Bedürfnis nach persönlicher Einsichtnahme und Untersuchung der Gräber von Achmim stellte sich mit verdoppelter Stärke wieder ein, als ich jüngst an die Ausarbeitung des vierten Bandes meines Achmimwerkes ging, an die Behandlung der in Achmim gefundenen ganzen Gewänder, der Männer- und Frauentuniken, der Togen und Pallien, der Hüte, Kappen, Mützen, Schuhe, Sandalen etc. Besser als langes Zaudern und Überlegen war rasches Handeln, ich schnürte mein Bündel und dampfte ab. — So rasch, wie ich dies schreibe, ging es nun allerdings nicht; denn nebst der vielen vorher zu erledigenden Arbeiten und nebst all den Vorkehrungen, die zu treffen sind, damit das Rad laufe, auch wenn der Müller abwesend ist, waren Vorbereitungen nötig, wie man sie für eine Reise nach Frankreich, Italien u. s. w. kaum bedarf. Man braucht Mückennetz und Sommerkleider, Nackenschleier und Staubmantel, eine Reiseapotheke mit Mitteln gegen Sonnenstich, Fieber, Augenentzündungen, Mückenstiche etc. etc. Wer allerdings seine Ägyptenreise bloss bis Cairo ausdehnt, oder, wie die meisten Touristen, die Reise nach Oberägypten auf eine Dampferfahrt auf dem Nil beschränkt, wobei man bequem vom Dampfer aus in kleinen Eselsritten und Spaziergängen die Sehenswürdigkeiten erreichen kann und trotzdem sein regelrechtes Mittagessen nie verfehlt, braucht die obigen

Vorbereitungen und Gepäcksbelastungen kaum — sie sind aber notwendig, wenn man vom gewohnten Touristenweg abweicht und, ohne Zeit zu verlieren, arbeiten will.

Wessen ›time money‹ ist, reist, wenn auch nicht am billigsten, so doch am raschesten per Bahn bis Brindisi und von hier ab per Dampfer bis Alexandrien. Hier besuchen wir die *Pompejus-Säule,* den einzigen grösseren Überbleibsel des antiken Alexandrien, eine prächtige Säule aus rotem Syenit mit Kapitäl; daneben liegen Fragmente altägyptischer Statuen, und unterhalb der Säule, im Fundament eingemauert, gewahrt man eine schöne Hieroglypheninschrift mit den Namenscartouchen von Ramses II. Vater, Seti I. Eine Viertelstunde südwestlich liegen die *altchristlichen Katakomben Alexandriens.* Sie datieren aus der Zeit Konstantins d. Gr., also aus der ersten Hälfte des IV. Jahrhunderts und zeigen, soweit noch erhalten, eine aus 3 Gemächern bestehende Grabkammer mit Grabnischen, Fresken und verblassten griechischen Inschriften.

Von Alexandrien führt ein Expresszug in ca. vier Stunden, vorbei an bewohnten und zerfallenen Fellachendörfern, die beschattet von Palmen am Nil liegen, nach Cairo. Die Stadt macht einen recht gross- und weltstädtischen Eindruck, das Leben ist ein überaus reges, und neben zahlreichen Fremden, insbesonders Engländern, Amerikanern, Deutschen etc. sieht man viele ansässige Europäer (Italiener, Griechen, Schweizer etc.) ihren Geschäften nachgehen, indessen den Hauptkontingent die Araber stellen, vom beinahe Weisshäutigen bis zum schwärzesten Schwarzen; Neger, Syrier, Beduinen, schmutzige Fellachenmänner und schwarz verhüllte Fellachenweiber vervollständigen das überaus

farbenprächtige Bild. — Ich besuchte u. a. mehrere der kunstreich dekorierten *Moscheen*, das *Musée arabe* mit prächtigen Erzeugnissen alt- und neuarabischer Kunst, die *Chalifengräber* und das *Musée égyptien de Gizeh*.
— Man nimmt, um zu Letzterem zu gelangen, einen Wagen oder Esel und betritt einen wohlgepflegten Garten, in dessen Mitte ein Palast Ismail Paschas steht. Jetzt ist dies Gelände Staatseigentum und zum Museum umgewandelt worden. Die hier aufgehäuften Schätze spotten jeder Beschreibung. Wollte ich Ihnen das Bemerkenswerteste aufzählen, so würde ich nur wiederholen müssen, was Sie in jedem Lexikon verzeichnet und in jedem Atlas über antike Kunst abgebildet finden.
— Die Einordnung ist derart, dass der Besucher zuerst mit den ältesten Monumenten bekannt gemacht wird, mit frühen Steinfiguren, Bas-reliefs und einfachen, viereckigen Sarkophagen; ferner mit scharf und vorzüglich gearbeiteten Holzfiguren, darunter die bekannte Holz-Statue des Dorfschulzen u. a. m. Daran schliessen sich Stein- und Holzmonumente, skulptierte Stein- und Holzsarkophage mit Mumienbildern aus der Hyksoszeit und den jüngeren Dynastien, endlich Monumente der Römerzeit und der christlichen Periode. Die letztere Abteilung enthält altchristliche, koptische und byzantinische Steinskulpturen mit Inschriften, manche mit dem Christus-Monogramm X P und A — Ω, Darstellungen der Marie, von Oranten, dann mit Lamm, Taube etc., meist in Kalkstein gehauen (Fundorte: Erment, Edfou, Luxor). Die oberen Stockwerke enthalten Mumien und reich bemalte Holzsärge, Bronzen, Thon- und Porzellanfiguren, Geräte, Werkzeuge und Holzgegenstände aller Art, darunter komplette Stühle, Betten, Tische, Haus- und Feldgeräte, wie man sie in den altägyptischen Gräbern

Die grosse Pyramide von Gizeh und die Sphinx
mit den davorliegenden Trümmerresten
von Tempeln.

findet. Weiterhin Inschriften auf Wachs, Pergament und Papyrus, prächtige Papyrusmalereien, Kartonnagen, Tiermumien, Kanopen aus Alabaster, Totenbarken aus Holz geschnitzt, mit Bemannung, ferner Skarabäen, Glasarbeiten und Schmucksachen, unter denen besonders hervorragend das Grabinventar der Königin Aah-Hotep mit wunderbarem Emailgoldschmuck, mit goldenen Waffen und goldenen Barken, mit Rudererfiguren aus gleichem Metall. Neuerdings hat Herr von Morgan in einer *Ziegelpyramide des Gräberfeldes von Dahchour* einen hervorragenden *Goldfund* zu Tage gefördert. Dieser besteht aus vielen Hunderten von Goldgegenständen, darunter manche von höchstem Kunstwerte. Besonders wertvoll sind eine Brustplatte aus Gold mit Emailschmuck und der Cartouche des Königs Usertesen II. (XII. Dynastie), ein Collier von aus Gold getriebenen Muscheln, mehrere goldene Bracelets, Amethyst-Skarabäen mit der Cartouche von Usertesen III., eine goldene Löwenfigur von ungewöhnlich feiner Arbeit. Dazu tritt eine Unmasse von Goldperlen, von Steinperlen, Pendeloques in Edelgestein und Gold etc. Der Schatz befand sich in dem Grabe eines Prinzen oder einer Prinzessin, und man erwartet noch weitere Funde, wenn die Grabarbeiten bis zum Grabgemache des Königs vorgeschritten sind. Der Fund ist bereits ins Museum von Gizeh überführt worden und bildet neben dem der Königin Aah-Hotep einen Glanzpunkt des Museums. Mehr Interesse für mich boten noch jene oberen Säle des Museums, in denen die überraschend prächtigen und kostbaren neuen *Mumienfunde aus ptolemäischer, römischer und byzantinischer Zeit* ausgestellt sind. Wir bewundern hier mehrere komplette Männer-, Frauen- und Kindermumien mit Portraitbildern analog jenen

Theodor Grafs. Andere Sarge, Funde aus neuester Zeit, zeigen an Stelle der auf Holz *gemalten* Portraits *in Gyps modellierte Portraitköpfe mit Bemalung*. Die Köpfe sind von grosser Naturwahrheit und ersichtlich wie die Portraits nach dem Leben gearbeitet. Während aber die Mumienportraits fast ausnahmslos nur den Kopf zeigen, reichen diese Gypsbilder vielfach bis auf die Brust und zeigen noch die beiden Hände des oder der Verstorbenen übereinander gelegt oder über die Brust gelegt, mit Blumenbouquets in der Hand. Das Pariser Louvre hat kürzlich ein paar solcher Gypsköpfe angekauft, ebenso das Museum von Berlin, und ich selbst habe ebenfalls mehrere charakteristische solcher Portraitköpfe erworben und werde Ihnen später darüber ausführlicher berichten.

III

Steinerne Kuppel einer Cairoer Moschee.

Zweiter Brief.

.... Ich habe die *Pyramiden* besucht und die *Sphinx* gesehen! Die Sphinx sollte man eigentlich zuerst besuchen und dann erst die Pyramiden sich besehen; denn, hat man umgekehrt erst die Pyramiden besichtigt, so hat das Auge sich bereits so sehr an das Gewaltige, an grosse Dimensionen gewöhnt, dass unwillkürlich die Sphinx trotz ihrer gewaltigen Grösse nicht mehr so gewaltig gross wirkt, wie sie es in Wirklichkeit ist; von den Pyramiden losgelöst, an anderm Platze, würde sie uns weit grösser erscheinen. Aber das steinerne Riesenhaupt wirkt trotzdem mächtig auf den Beschauer und ist mit den Pyramiden vereint ein sprechendes Symbol von Alt-Ägyptens einstiger Macht und Grösse. Um zu den Pyramiden zu gelangen, nimmt man sich gewöhnlich einen Wagen und durchfährt nun, nachdem man die grosse Nilbrücke passiert hat, vorbei am Dorfe Gizeh und am Museum von Gizeh, eine prächtige Baumallee, eine Fortsetzung der Schubra-Allee, die gerade nach den Pyramiden führt. Hier versammelt sich Freitags und Sonntag abends die Cairoer elegante Welt, und wie im Bois de Boulogne zu Paris, so sehen wir hier an jenen Tagen unzählige Wagen mit ägyptischen Dandys und eleganten, nur selten verschleierten Damen Corso bilden. Ein farbenreiches Bild bieten insbesonders die hier auf dem Bocke des Kutschers sitzenden Sàis, Araber in reich gestickten und weiss flatternden Gewändern, die in der Stadt dem Wagen voraneilen und »Guarda!« rufend, dem ihnen auf dem Fusse folgenden Gefährte im Gedränge der Fussgänger Platz schaffen. Unten am Pyramidenberge angelangt, steigen wir aus, durchwaten den gelben Wüstensand und sind nun sofort umringt von Beduinen, die sowohl zur Führung sich anbieten, als auch sofort mit dem Anempfehlen von Altertümern beginnen und neben falschen Skarabäen auch zahlreiche ächte Kleinigkeiten, Götterfiguren aus Thon und Bronze, kleinere Römer- und Ptolemäermünzen etc. vorweisen. In der Hoffnung, dies bei einer späteren Ägyptenreise nachholen zu können, und in Anbetracht der meiner in Oberägypten harrenden Strapazen schonte ich meine Kräfte und verzichtete für diesmal auf eine volle Besteigung der Cheops-Pyramide (Cheops ca. 3733 v. Chr.). Heute zeigt sie sich dem Beschauer stufenförmig; die Stufen haben fast durchweg ca. 1 m Höhe, früher aber waren diese durch den Zahn der Zeit entstandenen Lücken ausgefüllt und mit Steinplatten derart verkleidet, dass die Pyramide vom Fuss bis zum Gipfel eine glatte Fläche bildete. Oben ist die Spitze der Pyramide abgebröckelt, und bildet sich derart eine ca. 10 qm grosse Terrasse.

Um die Pyramiden herum liegen zahlreiche Gräberanlagen, meist tief vom Sande eingeweht, manche auch aufs neue verschüttet, nachdem man sie ausgegraben und erforscht hatte — verschüttet, um sie besser vor dem Zahn der Zeit und vor Andenken haschenden Reisenden sicherzustellen. In dem sogen. *Campbells*

Grab sieht man ein mächtiges Quadergebäude; aus einem Schachte ragt ein schwarzer Mumiensarkophag hervor, dieser aber, wie das Grab und viele andere solche, war schon ausgeraubt, als Vyse 1837 das Grab entdeckte und öffnete.

Auch bei der *Sphinx* hat der ewig bewegliche Wüstensand vieles wieder zugedeckt, was von emsigem Forschereifer hier einst aufgedeckt wurde. Die mächtige Gestalt ist aus einem Felsen ausgehauen, aber da, wo der natürliche Fels zur Körpergestaltung nicht ausreichte, hat man durch Mauerwerk nachgeholfen. Zwischen den Tatzen der Sphinx fand Caviglia (1817) eine Art Tempelanlage, gebildet aus drei Stelen, mit einer kleinen, der Sphinx zugekehrten Löwenfigur aus Stein. Ein Stufenweg führte zu diesem nach einer dort gefundenen Inschrift von Thutmosis III. errichteten Tempel empor, aber seitdem haben Wind und Sand emsig gearbeitet, all' dies wieder zuzudecken.

Auch in *Sakkarah* hat der Wüstensand vieles zugedeckt, dafür aber um so besser der Nachwelt aufbewahrt. Führer begleiten uns in die *Mastaba des Ti* (V. Dynastie) mit kulturgeschichtlich interessanten Reliefbildern in welchen wir alle möglichen landwirtschaftlichen, gewerblichen und andern Beschäftigungen aus dem Leben der alten Ägypter kennen lernen. Zwischen hohen Sandwällen hindurch geht es zu dem mit Skulpturen geschmückten Eingang mit dem Bilde des Ti und von hier in die mit oben erwähnten Darstellungen gezierte Haupthalle. Von hier aus zweigen Korridore ab, alle mit Skulpturen, mit Darstellungen aus dem ägyptischen Profanleben ausgestattet und zum Teil noch in vorzüglich erhaltener Farbenbemalung ausgeschmückt. Da sehen wir Musiker und Tänzerinnen, die das Leben des verstorbenen Ti einst versüssten, wir sehen die Barke, auf welcher ein Sarkophag mit den sterblichen Überresten des Grandseigneurs Ti nach Oberägypten gefahren wird, wir gewinnen einen Einblick in die Art der den Göttern geweihten Opfergaben und in die Beschäftigungen der Diener des Ti. Bäcker zermahlen Korn und backen es, Köche bereiten Leckerbissen, in Gärten und Wiesen schlachtet man Vieh, weidet Gänse und weis sie zu stopfen. Ein Schreiber zählt die Reichtümer des Ti auf und führt von jeder Sorte Vieh, Wild etc. ein Beispiel im Bilde vor. Dann weiter sehen wir Handwerker und Künstler aller Art, Bildhauer und Maler, Drechsler und Glasbläser, weiterhin Jäger, Fischer etc., alle ihren Beschäftigungen nachgehend und interessanten Aufschluss gebend über die Form und die Anwendung der damaligen Handwerksgeräte etc. — Etwas weiter westlich liegen die *Gräber der Apisstiere*, Steingewölbe mit Sarkophagen, in denen ehedem die heiligen Stiere mumisiert aufbewahrt lagen. Aber bis auf zwei waren alle diese Gräber ihres Inhaltes beraubt, als Mariette diese Grüfte fand und öffnete. — Ungemein reich waren ehedem all' diese Gräber heiliger Tiere, dann die Gräber der Könige, Königinnen, der Prinzen und hohen Würdenträger mit Schätzen angefüllt. Nicht allein meist prächtig ausgeschmückt mit Skulpturen, Malereien und Inschriften, mit hölzernen, thönernen und steinernen Stelen, Statuen und Statuetten, mit Geräten, Möbeln u. s. w. aus Holz, Horn etc., sondern auch reich mit Schmuck ausgestattet, mit Ringen, Halsbändern, Anhängern, Statuetten etc. aus Gold und Silber. Selten, nur sehr selten aber haben sich diese Schätze bis auf heute erhalten, überaus selten sind selbst in dem Wunderlande Ägypten Goldfunde wie jener obenerwähnte, den kürzlich der Museumsdirektor Morgan in der von Sakkarah nicht weit entfernten Pyramide von Dahchour entdeckt hat; denn seit Jahrhunderten, ja seit Jahrtausenden waren diese Pyramiden und Steingräber Anziehungspunkte für Schatzgräber, die hier nach Gold suchten und rücksichtslos die Monumente zerstörten, wenn die Vermutung vorlag, durch die Zerstörung zu dem Jahrtausende alten Grabschatz gelangen zu können. Und die Beute muss die mühsame Arbeit gelohnt haben, denn die Mehrzahl der Gräber und Grüfte, welche die moderne Archäologie entdeckt und erforscht hat, hat sich jeweils als schon früher ausgeraubt herausgestellt. Die Entdeckung mag schrecklich sein und die Freude des Finders wesentlich trüben, wenn nach wochenlanger Arbeit die Grabstätte endlich geöffnet vorliegt und man nun erst die Thatsache constatieren muss, dass früher bereits ein Räuber hier gewesen ist und das Wertvollste mitgenommen, vieles dem Archäologen Wichtige in achtloser Goldgier zerstört hat. Indessen sind es nicht immer Araber und Beduinen der letztvergangenen Jahrhunderte, die hier ihre Hand im Spiele hatten. Schon zu den Zeiten der Römer, der Ptolemäer und sogar der alten Ägypter wusste man, dass diese Gräber wahre Schatzgruben seien und suchte sich durch Aufsuchen der Grabkammern und deren Ausraubung zu bereichern. So kommt es, dass man in Ägypten oft auf schon seit Jahrhunderten geöffnete Mumiensarkophage stösst oder in Grabkammern die Mumien aus ihren Särgen gehoben am Boden liegend und die Beigaben über den Fussboden zerstreut vorfindet. Trotzdem findet der moderne Archäologe auch in diesen schon berührten Gräbern noch manche ihm interessante und wertvolle Reliquie, denn glücklicher Weise ging ehedem die Suche nur auf Gold und Silber aus, die heute so wertvollen und begehrten Gegenstände aus Holz, Horn, Thon etc. aber liess man liegen. —

In *Sakkarah* ist es auch, wo man vor Jahren ein Gräberfeld aufdeckte, dessen Inhalt hauptsächlich Theodor Graf erwarb, und welches zahlreiche Gewandreste analog jenen von Achmim enthielt (heute im Besitze des k. k. österreichischen Museums in Wien). — In Sakkarah befinden sich mehrere Pyramiden, deren berühmteste *Stufenpyramide* von den Einen dem König Uenephes der ersten Dynastie zugeschrieben, von den Andern in die V. Dynastie datiert wird. Freiherr von Minutoli hat sie 1821 geöffnet, aber mit Ausnahme zweier Thüren im Berliner Museum ging seine Ausbeute beim Transport nach Europa verloren. — Zahlreich sind gerade um Sakkarah die Denkmäler und Gräber aus allen Zeiten; aber der fortwährend bewegliche Wüstensand hat vieles bedeckt, und was der Zahn der Zeit nicht vermocht, das haben die Menschen zerstört. — Viel ist gerade aus Sakkarah nach Cairo geschleppt worden, ins Museum von Gizeh, und — trotz Ausfuhrverboten — nach Europa und in amerikanische Hände.

Dritter Brief.

Sohag-Achmim.

Wer eine Reise nach Ägypten antritt, sucht und erhält gewöhnlich eine Menge von Adressen von in Cairo wohnenden Europäern. In der ägyptischen Residenz angekommen, beeilt sich dann der Tourist, bei all' den vielen Freunden, Bekannten und Nichtbekannten, deren Namen und Adressen ihm mitgeteilt worden sind, Antrittsbesuche zu machen, denen bei der Abreise natürlich wieder Abschiedsbesuche zu folgen haben. Diese Empfehlungen haben den »Vorteil«, dass man die Abende im Kreise dieser und jener Familie zubringen kann und gelegentlich gratis etwas verdollmetscht erhält, dass man gemütlich plaudernd die Zeit im Kreise von *Landsleuten* sich vertreiben kann. Ich muss nun allerdings gestehen, dass dies nicht die Genüsse sind, die *ich* haben will, wenn *ich* in fremde Lande reise. Gewiss ist es uns behaglicher und gemütlicher bei Landsleuten als bei Fremden; aber wir gehen doch eigentlich nicht ausser Landes, um wieder Landsleute zu treffen, sondern um möglichst *fremde* Leute, *fremdes* Wesen und *fremdes* Treiben kennen zu lernen! Gewiss bedarf derjenige, der zu *längerem* Aufenthalte seine Reise antritt, der erwähnten

Empfehlungen; für den Touristen aber ist all' dies *eitel Zeitverlust:* Man versäumt Zeit in Menge, und in gleichem Masse verkleinert sich unsere Reisekasse. Die ›Landsleute‹ und ›heimisches Wesen‹ kann ich zu Hause wieder haben, *nicht* aber Ägyptens Leute und Sehenswürdigkeiten! — Wohl waren auch mir zahlreiche Adressen und Empfehlungen an in Cairo lebende Schweizer, Deutsche etc. mitgegeben worden; aber gemäss den eben gedachten Erwägungen liess ich alle Besuche links liegen und machte mich mit meinem Cairoer Freunde, der mir in Ober-Ägypten als Dragoman dienen sollte, sobald die Hauptsehenswürdigkeiten Cairos ›abgethan‹ waren, auf den Weg nach *Ober-Ägypten.*

Wer Ägypten besuchen will, wählt dazu am besten unsere Wintermonate November (noch etwas früh), Dezember, Januar und Februar. Während dieser Monate hat man in Ägypten ein Klima vor sich, das ungefähr einem vorgerückten Frühling unserer Gegenden gleichkommt. Im März wird bereits die Hitze bemerkbar und im April und Mai ist diese schon so fortgeschritten, dass in Cairo die Fremden gänzlich fehlen und selbst viele Cairoer nach Alexandrien ziehen, wo das Meer etwas Kühlung bringt. — In Ober-Ägypten hat sich indessen die Hitze schon bis zur Unerträglichkeit gesteigert, und für den Europäer ist dort während des Sommers keines Bleibens. Regen fehlt dort selbst in den Wintermonaten ganz — oder *wenn* es dort einmal regnet, so ist dies ein Naturwunder, wie ein starker Schneefall in Südfrankreich, von dem man sich dann Jahrelang nachher noch zu erzählen weiss. Die im Sommer eintretende Überflutung des Landes durch den Nil ist die einzige Wasserspenderin jahraus, jahrein, und selbst im Winter ist Ober-Ägyptens Klima das eines trockenen Sommers!

Mein Aufenthalt in Cairo fiel in die ersten Wochen des März. Wollte ich also für Ober-Ägypten nicht zu spät kommen, so hiess es, möglichst rasch abreisen. Die früher nur bis Assiut gehende Eisenbahn führt jetzt bis Girgeh. Um Zeit zu gewinnen nahm ich den die Nacht durchfahrenden Expresszug und befand mich am 10. März gegen Mittag bereits in **Sohag**, einem Städtchen mit fast ausschliesslich arabischer Bevölkerung, hart am Nil gelegen und vom Flusse aus sich dem Nilreisenden recht ansehnlich präsentierend. Hier schlug ich auf den Rat meines Begleiters mein Hauptquartier auf, und hier erwartete uns der für die Zeit meines Aufenthaltes engagierte arabische Diener Achmed. — Jeden Morgen früh bestiegen wir nun eine Nilbarke — oder besser gesagt, werden wir von je zwei stämmigen Arabern, die sich unserer Beine bemächtigen, ins Schiff getragen; bald segelnd, bald durch Ruder vorwärts getrieben, durchqueren wir den Nil und laufen auf einer breiten Sandbank des andern Ufers an. Dort erwarten uns mit Geschrei und Gedränge die Eseltreiber mit ihren Eseln, vortrefflichen, grossen Tieren, und nun geht's im Trab und Galopp über eine Nil-Insel, dann durch das ausgetrocknete tiefsandige Bett eines nur im Sommer wasserführenden Nilarmes, über grünes Wiesenland, durch Kornfelder und steppenartiges Weideland, auf dem Nomadenhirten in leicht aufgebauten Strohhütten lagern, östlich gegen das allmählig sichtbar werdende **Achmim**. Prächtige Palmenhaine zeigen sich dem Auge, links passieren wir eine muhammedanische Kapelle mit Brunnenanlagen und haben nun Achmim-Stadt vor uns. Der Anblick bietet ein prächtiges Bild;

links und rechts das grünende Nilthal, vor uns, von der heissen Sonne grell beschienen, die Stadt mit einer mehrkuppeligen Moschee und hohem Minaret am Eingang, rechts davon niedrige Lehmhäuser und zu beiden Seiten wunderbar schöne Haine hoher Palmen — im Hintergrund in der Ferne das Gebirge und die Wüste. Auch während des Einreitens in die Stadt bieten die ziemlich belebten Strassen und Gebäude manch' interessantes und schönes Bild. Was in andern Städten Ägyptens den orientalischen Charakter vielfach trübt, der Anblick europäischer Kaufläden u. dgl., fehlt hier gänzlich, giebt aber dafür der Stadt ein um so origineleres Gepräge. Europäer wohnen hier *keine* und kommen überhaupt nur selten hierher. Die Einwohner sind *Araber* und *Kopten*. Die Letztern, bekanntlich Christen einer selbstständigen Sekte, die sich aus den ersten Zeiten des Christentums bis heute erhalten hat, haben sich neuerdings in Kopten alter Konfession und römisch-katholische Kopten geschieden, von denen jede Partei eigene Kirchen besitzt. Ausser der Religion und gewissen Gebräuchen leben und kleiden sich diese Kopten aber wie die Araber; selbst die koptische Sprache und Schrift ist ihnen fremd geworden, und auch ihre Umgangssprache ist die *arabische*. Dagegen zeigen gerade die Kopten, bekanntlich die unmittelbaren Nachkommen der alten Ägypter, noch heute in ihrem Gesichtsschnitt vielfach den altägyptischen Typus, wie er uns von den Monumenten her bekannt ist. Mir fiel bei den Vergleichen, die ich hier anstellte, ganz besonders die Übereinstimmung mancher Geberden mit jenen auf altägyptischen Bildwerken auf; die eigenartige Stellung der Hände beispielsweise, wobei die innere Handfläche platt ausgespannt und die Finger gerade nach oben gestellt erscheinen, wie man dies auf alten Steinskulpturen so oft dargestellt sieht, fand ich beim Gespräche mit Kopten häufig wiederkehren. Von den alten Ägyptern haben die Kopten auch die Beschneidung beibehalten; ihre Sprache ist aus der altägyptischen hervorgegangen, und selbst ihr Name ist lediglich eine Nachbildung vom griechischen Aigyptos (arabisch Ghibt, Ghubt). Mit dem Erscheinen der Araber beginnt langsam aber sicher die koptische Sprache der arabischen allmählich zu weichen; vor einigen Jahrhunderten sprach sie noch das gemeine Volk, heute bedienen sich nur noch die Priester ihrer bei der Messe. Durch die Jahrhunderte lange Bedrückung durch die Araber haben die Kopten nicht nur an Zahl abgenommen, sondern auch ihr Charakter hat darunter gelitten; sie sind vielfach falsch, habsüchtig und geldgierig geworden. Das Misstrauen geht bei ihnen sogar so weit, dass sie noch strenger als die Araber ihre Frauen und Kinder dem Anblicke der Fremden entziehen. Dagegen hat für uns ihre Geldgier und Habsucht das eine Gute, dass sie an den Altertumsschätzen des Landes nicht gleichgültig vorübergehen, sondern sie aufkaufen, um sie gelegentlich durchreisenden Interessenten möglichst teuer wieder zu »verquanten«. In letzterer Hinsicht sind sie überaus zähe, und es bedarf langen Handelns, bis der Verkauf zustande kommt. Kopten wie Araber, beide verlangen gewöhnlich erst fürchterliche Preise und springen beim Preisnennen mit den englischen Pfunden um, als wären es Franken oder Piaster. Können sie zwar auch nicht englisch, so kennen sie doch ganz sicher das Wort pound, und da verlangen sie nun selbst für eine Kleinigkeit gleich 1 £, 10 £ oder gar 50 £, als hätte jeder Reisende die englischen Pfunde nur so aus dem Ärmel zu schütteln, als wären sie selbst nur derart splendid zu rechnen gewöhnt. In Wirklichkeit aber leben diese Kopten nicht nur höchst einfach, sondern der Geiz lässt sie selbst sich Genüsse entziehen, die sie um wenig Geld haben könnten. Gewiss sind in Ägypten die Orangen (Portugales) herzlich wohlfeil; aber trotzdem waren deren in Achmim kaum aufzutreiben, und als endlich unser Diener welche entdeckte, waren es Früchte der miserabelsten Sorte. Und trotzdem haben wir sie nicht liegen lassen, denn sie bilden meinen einzigen »Dessert«, wenn ich hier bei einem Kopten — bei dem ich wohlgemerkt vorher allerdings einige Dutzend £ losgeworden bin — gastfreundlich zum Mittagessen eingeladen worden bin. Das Aufgestellte ist allerdings nicht für verwöhnte europäische Gaumen, und wenn Sie ein auf koptische oder arabische Weise gebratenes Poulet essen wollen, so schärfen Sie Ihre Zähne; denn nicht allein fehlen Messer und Gabeln und müssen Sie sich mit Händen und Zähnen so gut als möglich behelfen, das Poulet selbst lässt an Zähigkeit nichts zu wünschen übrig, der in dasselbe hineingestopfte Reis ist für europäische Magen noch ungeniessbar roh, und was Sie als »Salat« aufgestellt erhalten, sind Stengelblätter, die man ohne Essig und Öl roh mit einem Gemisch von Salz und Pfeffer wie unsere Artischoken abkaut. Wein giebts nicht, dafür schlammiges Wasser, das durch Träger in ausgeweideten Tierhäuten (sog. Schläuchen) am Nilufer geschöpft und in's Haus getragen wird. Ich will Ihnen indessen nicht länger vom Essen erzählen — am Ende würde Ihnen gar Ihre europäische Kost vor lauter Neid über meine lucullischen Genüsse in Achmim-Stadt nicht mehr schmecken!

Vierter Brief.

Vom Gräberfelde Achmim.

Die Israeliten können beim Erschauen des gelobten Landes nicht mehr Freude empfunden, Columbus kann beim Betreten Amerikas nicht mehr Genugthuung gefühlt haben, als ich im Momente, da der Gräberberg von Achmim vor mir in nächster Nähe meinen Blicken sich zeigte. Keine Grabmäler mit monumentalen Steinbauten, keine Tempelanlagen von kolossalen Dimensionen und mit reichem Reliefschmuck zieren diesen Berg — er ist also keine Sehenswürdigkeit für Touristen. Und wäre er es heute, so wäre er morgen keine mehr; denn bald wären all die Dinge verschwunden, die hier für den, der bloss ›sehen‹ will, sehenswert sind.

Wie ich Ihnen in meinem letzten Briefe geschrieben, residiere ich in Sohag. Von hier aus geht es nun jeden Morgen in der Frühe über den Nil, dann auf Eseln in die Stadt Achmim. Bereits in Sohag haben wir uns mit Proviant versehen, der in Körben auf einen Esel geladen uns nachgeführt wird. In Achmim treten zu uns die als Führer dienenden Kopten (als Arbeiter sind Araber engagiert), und nun geht es durch die lang ausgedehnte, hügelige Stadt hinaus gegen Osten auf eine von Karawanen viel begangene Strasse, die nach ungefähr einstündigem Ritt auf hohen künstlichen

Dämmen in der Nähe des grossen Fellachendorfes *Awa-wiehe* (von den Eingeborenen ausgesprochen chavaiis) vorbeiführt. Nackte Fellachenkinder staunen den Zug an, der's so eilig hat, und Eile ist im Orient etwas Rares! Wir begegnen Fellachenmännern und -weibern, die auf den Feldern arbeiten, weiterhin Nomadentruppen, die ihre leichten Hütten aufgeschlagen haben und ihr Vieh grasen lassen. Eine Karawane mit schwer belasteten Kamelen nähert sich uns. Sie kommt von Koseir am roten Meere, hat die nubische Wüste und das östlich vor uns liegende Gebirge passiert und naht sich jetzt Achmim, dem vorläufigen Endziele. Wir schlagen den Weg ein, den die Karawane gekommen ist, notabene immer im scharfen *Galopp*, unter dem Geschrei der Eseltreiber und unter der immer stärker brennenden Sonne, bergauf, -bergab durch tiefe ausgetrocknete Flussläufe, bei denen Reiter und Reittier vom Treiber bald geschoben, bald gezogen werden. Dass ich vor ein paar Jahren mich dem Reitsport zugewendet, kommt mir hier nun trefflich zu statten! Endlich wird in der Ferne ein niedriger Bergrücken sichtbar. Wir durchreiten eine letzte Spanne grünen Landes — dann hört diese plötzlich auf — und die *Wüste* beginnt. Von hohem Interesse ist es, zu sehen, wie scharf sich Wüstenland von fruchtbarem Acker- und Wiesenland scheiden. Wie abgeschnitten hört plötzlich jede Vegetation auf, und wir betreten den sandigen, mit Steinen vermischten gelben Wüstenboden. Und nun beginnt das Terrain zu steigen. Wir verlassen unsere Reittiere, weniger um sie zu schonen, sondern — hier beginnt klassischer Boden!

Vor uns liegt ein niedriger Gebirgszug, ohne jede Vegetation, selbst ohne auch nur *einen* Grashalm, öde also und nackt, aber trotzdem das Herz des Archäologen gewaltig hebend. Überall, soweit das Auge reicht, erkennt man am Berge schwarze Löcher, wo Gräber geöffnet worden sind — und andere schwarze Punkte erweisen sich beim Näherkommen als Menschenleiber, — als geöffnete, ihrer Binden und Gewänder entledigte Mumien, die achtlos hier liegen geblieben sind und langsam, überaus langsam nur zerfallen. Die Sonne brennt auf ihre durch Mumisierung und Alter schwarz gewordene Haut, diese springt, fällt allmählig ab, und es tritt

Krouzanhänger aus Zinn
(Achmim).

Anhänger aus Elfenbein
(Achmim).

dann der nackte Knochen zu Tage, anfänglich braun, dann in der heissen Sonne weiss wie Elfenbein bleichend. So liegen sie da, die einst so pietätvoll Begrabenen — hier ein kompletter Körper mit Haut und Haar, dort ein Kadaver ohne Kopf, mit aufgesprungener Brust, aus der die weiss gebleichten Rippen grell zu Tage treten. Und das Bild, das ich Ihnen hier male, wird noch grausiger, wenn wir das Plateau des Gräberberges erreicht haben. Überall geöffnete Gräber, stundenweit das ganze Feld durchwühlt; hier ein in der Sonne bleichender Schädel, dort ein abgerissenes Bein, überall neben geöffneten Gräbern Leichname. Und wo man diese wieder ins Grab — nicht gelegt, sondern geworfen hat, da sehen wir bald in einem Grabe den Toten senkrecht aus demselben hervorlugen, im andern Grabe die eingetrockneten Beine gen Himmel streckend. Wahrlich kein Anblick für zartnervige Leute, ein Schlachtfeldbild ergreifendster Art. Aber zu Gedanken über modernes Barbarentum ist hier keine Zeit, das archäologische Interesse tritt sofort in den Vordergrund, und was ich hier sehe, verscheucht alle andern Gedanken: Vor mir zeigen sich Gräber, welche *deutliche Reste einer Ziegelmauerung tragen!* Bisher glaubte man, dass die Bewohner Achmims einfach in die nackte Erde gebettet worden seien; deutlich aber sah ich bei zahlreichen geöffneten und passabel erhaltenen Gräbern in den oberen Partieen der Gräberwände graues Ziegelwerk ein längliches Rechteck bilden. Bei genauerer Untersuchung fand sich dann, dass das Grab ehedem auch mit einer oder mehreren solcher Lagen grauer Lehmziegel *überdeckt* war.

Doch bevor es an die Ausgrabungen ging, war es nötig, einen allgemeinen Situationsplan aufzunehmen und den Gräberberg wenigstens teilweise zu begehen. Westlich vor uns in der Ferne sehen wir das oben erwähnte Dorf Awawieh und noch weiter weg die Palmenhaine von Achmim. Bei Sohâg beschreibt der Nil eine scharfe Kurve und erreicht derart ostwärts abbrechend Achmims Südseite; von dort wendet sich dann das Nilbett wieder südlich und tritt ziemlich nahe an das Südende unseres Gräberberges heran. Von hier aus sehen wir in der Ferne also auch ein Stück des nordwärts fliessenden Nils. Gegen Norden ist die Aussicht abgeschnitten durch das hier aus der Wüste westlich in das Nilthal hinein vorspringende Gebirge, aus dessen westlichster Ecke der Sage nach das Grab Salomons liegen soll. Diesen Ort zu besuchen hatte ich zwar die Absicht, da solch ein Besuch aber jedesmal zum mindesten einer Tagereise gleichkommt, Achmim mich indessen vollkommen in Anspruch nahm, und die zunehmende Hitze zur Weiterreise drängte, so musste ich dies auf später verschieben. Es sollen dort Grabhöhlen aus altägyptischer Zeit sich befinden. Blicken wir nun von unserem Gräberberge ostwärts, so sehen wir hier zunächst ein sandiges Wüstenthal, absolute Wüste ohne jede Vegetation, und im Hintergrunde steigt das

Kreuzanhänger aus Blei.
(Achmim).

Kreuzanhänger aus Eisen.
(Achmim.)

Gebirge an, welches das Nilthal nach Osten abgrenzt. Dahinter liegt der nördliche Ausläufer der nubischen Wüste mit dem roten Meere als Begrenzung. Auch in dem Gebirge, das wir hier im Hintergrunde vor uns haben, liegen in den Fels eingehauene Grabhöhlen — sie sind aus altägyptischer Zeit und deutlich vom Gräberberge Achmim aus als schwarze Punkte sichtbar. Nördlich von uns, zwischen unserem Gräberberge und dem obenerwähnten Gebirgsvorsprunge (mit dem Grabe Salomons) hindurch, geht eine Einsenkung, welche sich in das Gebirge fortsetzt und dort einen Pass bildet. Dort befindet sich eine Quelle und daneben ein *Koptisches Kloster*. Hier vorbei führt der schon oben angedeutete Karawanenweg von Achmim nach Koseir ans rote Meer. Die Route ist markiert durch »Stationen,« bestehend in tief gegrabenen Cisternen, in welchen die Karawanen sich neue Wasservorräte schöpfen.

Und betrachten wir nun den *Gräberberg*, auf dem wir stehen. Stundenweit dehnt er sich aus, aber stundenweit reichen auch die von den Arabern hier aufgeworfenen Grablöcher. Südlich vom eigentlich koptischen Gräberfelde liegt eine Quelle, um welche sich einige Häuser mit arabischer Kirche gelagert haben, und ganz unten am Ende des Berges, nahe dem Nil, befindet sich das koptische Kloster *Deir*, unweit davon die kleine Fellachenortschaft *El Israwie*. Bei jenem koptischen Kloster befinden sich gleichfalls *Gräber aus byzantinischer Zeit*, und hier besonders ist es, wo man *prächtige Seidengewebe* gefunden hat und wo wahrscheinlich *Priester* beigesetzt worden sind. Von hier aus steigt unser Berg höher in nordwestlicher Richtung, und die *Gräber*, die er hier enthält, datieren nahezu alle aus *altägyptischer Zeit*. Tausende von *Topfscherben* bedecken den Berg, schwarze Punkte bezeichnen geöffnete Gräber oder ausgeworfene Mumien und Mumienteile. In den Berg gegrabene *Gewölbe und Ziegelgräber* sind mehrfach sichtbar, teilweise allerdings wieder verschüttet und versandet. Gegen das Gebirge zu fällt der Berg langsam ab, und auch auf diesem Abhange befinden sich überall Gräber. Bei den oben erwähnten Häusern oder vielmehr aus grauen, zum Teil wohl antiken Lehmziegeln der Gräber aufgebauten Hütten, denen eine kleine arabische Kapelle beigegeben ist, und wo ein Araber wohnt, der von der Regierung beauftragt ist, zu überwachen, dass keine unberechtigten Ausgrabungen vorgenommen werden, liegen längs des Bergabhanges die ägyptischen und römischen Kindergräber. Fast ohne Ausnahme finden sich hier *nur Kinder bestattet*, also ein eigener Kinderfriedhof, wie wir noch heute auf unsern Kirchhöfen den Kindern ein eigenes Revier zuweisen! Weiter nördlich an dem mehrfach zerklüfteten Westabhange liegen mehrere *Gewölbe mit Katzen- und Vogelmumien.* Besonders gross ist die Zahl der *Ibismumien*, denen hier mehrere Grüfte geweiht gewesen zu sein scheinen; denn einige derselben waren ganz mit

Fingerring aus Bronze mit Inschrift: Georgeo ... (Achmim.)

solchen kegelförmig gewickelten Vogelmumien angefüllt. In mehrere Stollen kroch ich hinein; sie sind in den Fels eingehauen und bilden viereckige Gemächer, die sich in Form einer viereckigen Öffnung nach aussen aufthun. Die Vogelmumien sind darin unregelmässig aufgehäuft, teilweise auch bereits von den nach Schätzen suchenden Arabern herausgeholt worden und liegen nun vielfach zerstreut vor den Grabkammern oder sind den Bergabhang heruntergerollt. Seltsamerweise entdeckte ich in einer dieser Kammern auch einen *steinernen Sarkophag*, in welchen ehedem eine Mumie eingebettet lag; jetzt aber war er mit Ibismumien angefüllt. Ebenso fand ich in diesen Ibisgräbern *menschliche Mumien*, und es bleibt nun die Frage offen, ob in diesen Grüften *Menschen- und Vogelmumien gleichzeitige, d. h. gemein-*

same Bestattung fanden (war der bei den heiligen Vögeln Bestattete vielleicht ihr Hüter für die Ewigkeit?), oder ob die Höhlen ehedem nur eine oder mehrere Menschenmumien enthielten und *später erst mit Ibismumien angefüllt wurden?* — Aller Wahrscheinlichkeit nach datieren diese Gräber aus *spätägyptischer*, vielleicht *ptolemäischer* Zeit. In der Nähe lagen *graue Thonziegel, Topfscherben, bemalte Kartonnagestücke* von Mumienhüllen und befinden sich zahlreiche Einzelgräber aus jener Epoche. Mit grossen Kosten habe ich aus der Stadt Assiut einen syrischen Photographen kommen lassen, der mir (wegen Mangels an Platten leider nur wenige) Aufnahmen, sowohl von der Stadt Achmim, als auch vom Gräberfelde machen konnte. Unter diesen ist auch ein Bild solch einer Ibisgruft, wie ich sie Ihnen hier beschrieben habe.

Wir gehen weiter, immer vorüber an ausgegrabenen und wieder verschütteten Flachgräbern, neben denen die ausgewickelten schwarzen Mumienkörper liegen und wo man gelegentlich noch farbig bemalte Kartonnagefragmente von Mumienkästen, sowie zahlreiche Bandagen findet; und indem wir nordwärts über diese gewaltige Nekropole schreiten, gelangen wir allmählich auf ein ganz besonders aufgerissenes, durch die zahllos ausgehobenen Gräber und die daneben durch die ausgeworfene Erde entstandenen Erdhügel überaus uneben ausgestaltetes Terrain. — Wir befinden uns auf dem *Gräberfelde aus römischer und christlicher Zeit, auf dem wichtigsten Teile der Gräberstätte.* Schon längst haben sich zu den Gräbern aus altägyptischer Zeit *Flachgräber aus der römischen* gesellt. Überall zwischen diese zerstreut finden sich vereinzelt bereits sogenannte »*koptische Gräber,*« d. h. Gräber aus christlicher, insbesonders byzantinischer Zeit. Jetzt aber sind wir auf dem Centrum dieses spätzeitlichen Gräberfeldes angelangt. Den Anblick, der sich uns hier bietet, habe ich Ihnen bereits oben geschildert. Ich kann also Ihnen in meinem nächsten Briefe speziell über meine Ausgrabungen, die Fundumstände etc. Näheres berichten.

Fünfter Brief.

Die Ausgrabungen.

Die Ausgrabungen haben begonnen! Über das Feld verteilt sind meine Arbeiter, braune, halbnackte Gestalten, damit beschäftigt, mit ihren kurzgestielten Hacken den Boden aufzugraben. Wie unsere alemannischen und fränkischen Gräber, so sind auch die Grabstätten auf Achmim sogenannte *Flachgräber* d. h. Gräber ohne durch Erd- oder Steinerhebung sich heute noch bemerkbar machenden Überbau. Wenn trotzdem das Terrain nicht flach, sondern im höchsten Grade uneben erscheint, so liegt dies nur an der modernen Maulwurfsarbeit der seit Jahren diesen Boden durchwühlenden Araber. Überall ist der Boden ausgehöhlt und aufgeworfen, so dass man erst nach *unberührten* Stellen *suchen* muss. Deshalb verteilen sich die nun grabenden Arbeiter auf eine relativ sehr weite Fläche. Schaufeln kennt man hier nicht, die losgehackte Erde wird mit der Hacke direkt in einen kleinen Korb geschaufelt, und wenn dann der Korb voll ist, schleudert man den Inhalt bei Seite. Die Arbeiter merken sehr bald, ob an der angegrabenen Stelle »etwas los ist«, denn wenn auch das Ziegelwerk fehlt, so finden sich bei einem Grabe doch in der Regel *in halber Tiefe über dem*

IV

Portraits zweier meiner arabischen Mumiengräber
Aufgenommen auf dem Gräberfelde vor Achmim
am 14. März 1894.

Körper ein oder mehrere grössere Steine von ¹/₃ — ¹/₂ m Durchmesser. Dies Vorkommnis ist so häufig, dass die Arbeiter ihre Grabungen gewöhnlich einstellen und sich mit einem »ma fich« (ist nichts) an eine andere Schürfung machen, wenn in ca. ¹/₃ — ²/₃ Meter Tiefe jene Steinlage noch nicht zum Vorschein gekommen

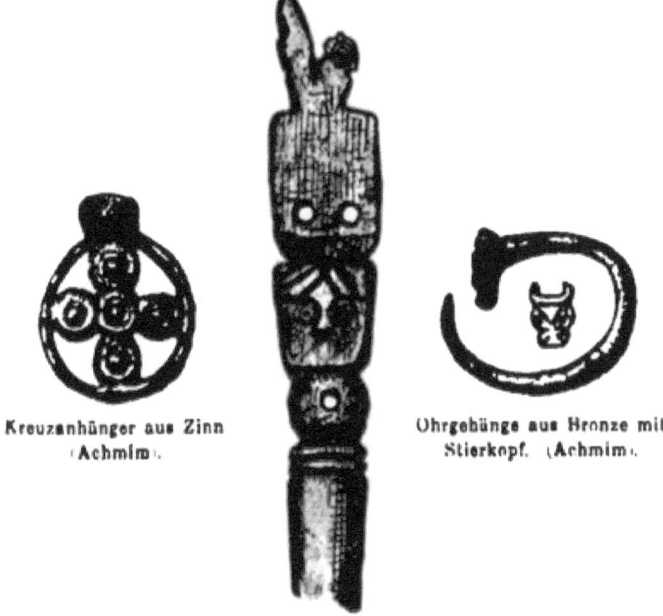

Kreuzanhänger aus Zinn (Achmim).

Ohrgehänge aus Bronze mit Stierkopf. (Achmim).

Schreib-Stylus aus Knochen mit Hahnenfigur. (Achmim.)

ist. Gleich sei übrigens bemerkt, dass jene Steine (gewöhnlich 1—2) ohne jede künstliche Bearbeitung sind, und ich musste mich unwillkürlich unserer Ausgrabungen bei Oberrimsingen erinnern, wo wir in einem Grabhügel den vermeintlichen »Attila« gleichfalls mit einem mächtigen Stein über dem Körper vorfanden. Einzelne Gräber — und es waren dies wohl die besonders vornehmen Toten — waren in ihrem obern

Drittel mit grauen, seltener dunkelrot-violetten Lehmziegeln ohne Mörtel-Anwendung *ausgemauert*, und an einzelnen schon geöffneten Gräbern konstatierte ich weiter, dass diese Ziegelmauerung in Form eines ein- oder mehrfachen Lagers in manchen Fällen auch über das Grab eine *Decke* gebildet hatte. Aber das Ziegelwerk ist meist zerfallen und, von den Arbeitern unbeachtet, zerstört worden, oder aber es haben diese das Grab überhaupt nicht in der vollen Länge und Breite ausgegraben, da es sich ihnen stets ja nur um den Erreich der Mumie und dieser allein handelte. Die Grösse dieser Gräber wechselt je nach der Grösse und auch nach dem Range der Bestatteten; denn die Mumien der Reichen sind umfangreicher und benötigen daher breiterer Gräber, als Mumien mit weniger zahlreichen Bindenlagen. Im übrigen aber findet man hier kleine Kindergräber neben grossen Männergräbern, was die vielfach zu beobachtende *reihenweise Gräberlage* in ihrer Regelmässigkeit beeinträchtigt haben mag. Die Gräber liegen fast durchweg in der Richtung von West nach Ost.

Die *Lehmziegel* entsprechen denen, wie sie die Fellachen noch heute zum Baue ihrer Häuser verwenden und messen durchschnittlich 25 cm in der Länge, 15 cm in der Breite und 7 cm in der Höhe. Das Grab hat gewöhnlich ca. 2 m Länge, ca. 80 cm Breite und 1,50 m Tiefe. In ca. 20—30 cm Tiefe beginnt, wo solche vorhanden ist, die *Ziegelausmauerung der Grabwände*, bald drei, bald mehr Lagen hoch. Dann setzt sich die Grabhöhlung ohne Ziegelrahmen in die Tiefe fort und in ca. $1^1/_8$—$1^1/_2$ m Tiefe stossen wir nach Beseitigung der Erd- und Steindecke auf die frei im Boden liegende *Mumie*. Sie können sich denken, mit welchem Interesse ich der nun folgenden Hebung der Mumie folgte. Die Erde wurde rings um die in ihrer Leinenhülle sich zeigende Mumie ausgehoben, die Mumie selbst etwas untergraben, und nun mit kräftigen Rucken wird sie in ihrem anderthalbtausendjährigen Schlafe gestört, langsam aufgestellt und nach oben teils ge-

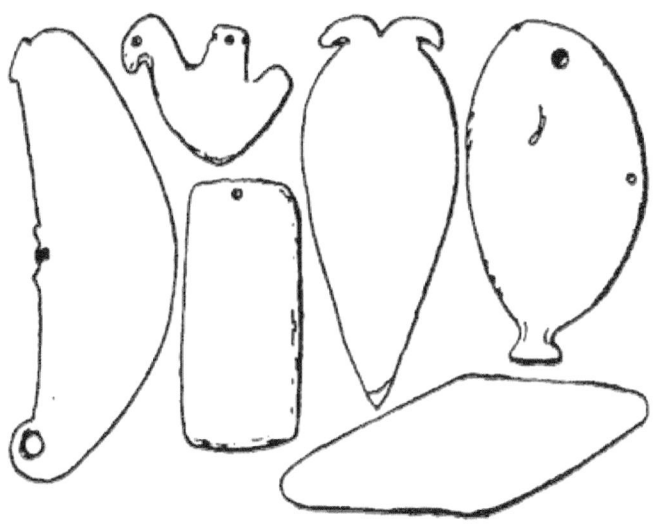

Aus Stein geschnittene christliche Symbole (Fisch, Schiff, Taube etc.)
Achmim.

schoben, teils gezogen, bis sie über dem Rand des Schachtes erscheint und, auf das freie Feld niedergelegt, ihrer Auferstehung entgegensieht. Sofort nachdem so die erste Mumie ans Tageslicht gezogen, stürzten sämtliche Arbeiter und meine koptischen Führer herbei, um des Toten Hüllen loszureissen und ihn auf seinen Reichtum zu prüfen. Gross aber war das Erstaunen der Leute, als ich erklärte, »die Mumie bleibt liegen, ungeöffnet so liegen, und keiner rühre sie an!« Das war leicht gesagt, aber die Neugierde liess meine koptischen Begleiter nicht ruhen, und jeden Augenblick sah man den einen oder andern zu dem friedlich ruhenden Stoffballen hinschleichen und gierig die Gewebelagen behutsam autheben, um den Inhalt zu prüfen. Nun, ich muss Ihnen gestehen, dass es auch mich gewaltig juckte, und dass ich, nicht besser als jene, gleichfalls unter die Bänder guckte. In der That sah man in einer defekten Ecke etwas Rotfarbiges den braungelben Stoff durchziehen, was allerdings die Neugier erst recht zu reizen geeignet war. Indessen wollte ich die Öffnung in aller Ruhe vollziehen, und dazu war jetzt keine Zeit; denn eben meldete man die Entdeckung eines neuen Grabes. Nachdem ich meine Aufzeichnungen beendet, wurde auch diese Mumie, ca. 150—200 Schritt von der ersten entfernt, gehoben und wiederum unberührt neben die erste niedergelegt.

In dieser Weise wurden die Grabungen fortgesetzt — dann brachten die Diener das in Körben mitgenommene Mittagsmahl herbei, und unter einer glühend heissen Sonne, die das angeschnittene Brot erhärten liess, bevor es noch zum Munde geführt war, auf gänzlich durchglühtem Boden ruhend, ohne jeden Schatten, aber mit desto mehr Mückengesellschaft, ging es ans Verschlingen unserer Vorräte. Noch nie vorher habe ich eine solche Hitze ausgestanden wie hier auf diesem Berge, in der Wüste vor Achmim! Die Arbeiter beginnen zu erlahmen, durch Zurufe werden sie von neuem angespornt; sie werfen ihre wenigen Gewänder ab und arbeiten fast nackt, indessen trotz der Erleichterung und trotz der trockenen Luft der Schweiss von Gesicht und Schulter rinnt. Die Kopten haben sich auf den Boden gekauert und in ihre schwarzen Burnusse eingehüllt, und wir, wir haben versucht, der Hitze zu entrinnen und haben uns in die Gräber gelegt, aber die senkrecht herunter brennende Sonne lässt nirgends Schatten zu und durchglüht überall Luft und Boden gleicherweise. Indessen gewöhnt sich der Mensch bekanntlich an alles, und als unter den Händen der fieberhaft arbeitenden Fellachen von neuem eine Mumie sichtbar wurde, da erwies sich die elektrisierende Kraft des Interesses stärker als Sonnenbrand und Müdigkeit. —

Kreuz-Anhänger aus Eisen
Achmim.

Hulla aus graviertem
Elfenbein.

Die neuentdeckte Mumie liess sofort erkennen, dass hier ein *Grandseigneur* vorliege. Je mehr man sie von Sand und Steinen befreite, desto breiter erschien sie und desto mehr traten die grossen ornamentalen Rundclaven zu Tage, mit denen der um die Mumie gelegte Mantel geschmückt war. Als sie dann unter grossen Mühen aus dem Grabe gehoben, war ein allgemeines »Ah« das Zeichen der Anerkennung.

Der Gegensatz zwischen arm und reich prägt sich übrigens in diesen Mumien auffallend scharf aus. Kaum hat man die Mumie dem Grabe enthoben, so lässt sich schon an ihrem äusseren Aussehen auf ihren inneren Wert schliessen. Der Reiche tritt protzig ins Grab mit unendlich vielen Bindenlagen, die ihn breit und dick und lang erscheinen lassen; dieser Ballast und sein Rückenbrett machen die Mumie des Reichen schwer, indessen die Aussenhüllen durch farbige »*Claven*« den *hohen Rang* verraten. Anders der Arme oder sagen wir der weniger Bemittelte: Die Mumie sieht schmächtig aus; da das Rückenbrett fehlt, biegt sie sich und ist leicht, umsomehr, als die Binden und Stofflagen gering sind; Verzierungen sieht man fast keine oder gar keine. Als ich an folgenden Tagen derlei ärmere Tote zu finden Gelegenheit hatte, stellte sich beim Öffnen die auf Grund des äusseren ärmlichen Aussehens gestellte Qualifikation als »arme Teufel« als vollkommen richtig heraus. Das Totenbrett fehlte, die Bindenlagen sind wenig zahlreich, verzierte Stoffe waren selten darin zu finden, und der Körper des Toten verriet jeweils weit geringere Sorgfalt in der Mumifizierung — er war braun, spröde und zerfiel sofort, indessen die gut behandelten Leichname völlig intakt mit Haut und Haar sich prächtig erhalten haben. Ich werde in meinem nächsten Achmim-Werke einige Typen solcher Mumienköpfe photographisch reproduzieren — es wird uns dies bei der *vortrefflichen Erhaltung des Gesichtsausdrucks* auf das einstige Aussehen der hier Begrabenen einen interessanten Ausblick gestatten.

Doch nun zur *Öffnung der Mumien*. Wie sind diese Mumien »gewickelt«, wie sind sie bekleidet, wie präsentieren sie sich, musste man früher immer fragen; denn ebensowenig, wie über ihre Gräber, wusste man Genaues über die Form der Mumifizierung dieser ersten Christen. Meine Neugierde war gross, aber diejenige meiner Kopten und Araber nicht minder. Wenn diese bisher solch' eine Mumie gefunden, so hatten sie jeweils nichts Eiligeres zu thun, als, sobald nur die Mumie das Tageslicht erblickt, über sie herzufallen, die Binden

und Hüllen auseinanderzureissen und das Wertvolle
herauszuziehen. Sie hätten aber die erstaunten Gesichter dieser Leute sehen sollen, als ich begann, die
Mumien mit einer für jene unbegreiflichen Langsamkeit
»auszupacken«. Ich skizzierte zunächst die Mumie in
der Form, wie sie dem Grabe entstiegen. Mumie No. 2
war mit einer grossen *Decke* umwickelt, die über der
Kopfgegend zwei querlaufende eingewirkte violette *Purpurstreifen* trug. Nachdem diese erste Hülle abge-

Kopfkissen oder Kopfzier aus geschnittenem Leder.

nommen, zeigte sich eine *Bindenlage,* unter welcher
zwei Hüllen aus Leinwand sichtbar wurden. Dann
folgten *sieben Hüllen aus leichtem Emballage*, eine
achte mit Fransen. Abermals eine Lage und unter
dieser wieder Binden. Nach Entfernung der Letztern
zeigt sich ein aus drei der Körperlänge folgenden
Streifen bestehender Belag, indessen links und rechts
über den Schultern des noch verborgenen Toten *Klumpen
von Leinwand angebracht sind, zur Ausfüllung des
Raumes zwischen Achseln und Kopf*, wodurch dann die
Mumie von aussen oben nicht so ⎍ sondern
einfach viereckig, so ▢ auszu- ⎍ sehen
kommt. Unter dieser Umhüllung zeigte sich nun *ein
grosses Tuch, ein Mantel mit blauen Quer-Claven und
eingewirkten Sternen als Mittelzier*. In dies Tuch ein-

gehüllt, hatte man den Toten auf ein seiner Körperlänge entsprechendes Brett — das »Totenbrett« — gelegt, und dieses nun fand ich unter dem Toten unversehrt vor. Ich habe es mit meinen andern Funden nach Europa mitgebracht und werde dieses in meinem Achmimwerke photographisch reproducieren. Ebendort sollen dann auch Skizzen der verschiedenartigen Umhüllungsformen und Abbildungen einzelner Gräber folgen.

— Kehren wir zu unserer Mumie zurück, wie sie, eingehüllt in ihr sternengeschmücktes Tuch auf dem Brette liegt: sorgfältig wird die eben erwähnte Decke abgehoben, und nun zeigt sich der Tote von neuem mit Tücherlagen umwickelt. Auf dem Bauche liegt ein breiter Klumpen braunfarbigen Harzes. Ebensolches ist auf das Totenbrett unter den Rücken gelegt. Ich habe es angebrannt und gefunden, dass es — *Weihrauch* ist! Wir heben nun zwei mit blau-violetten Purpurstreifen geschmückte Tücher ab, worauf wieder eine, der veränderten Körpergestalt angepasste neue Bindenlage folgt. Jetzt wiederholen sich 6 mal Tuchumwickelung und Bindenlagen, bis allmählich der Körper des Toten fühlbar wird. Der Bauch ist eingefallen, und es zeigt sich hier *eine muldenförmige Aushöhlung, die von den Mumisatoren mit zahlreichen Stofffetzen ausgefüllt ist*. Dieser Fetzen zählte ich *15 Stück, grössere und kleinere, verzierte und unverzierte*, einfache Fetzen und Reste von noch deutlich erkennbaren defekten Gewändern, dabei *eine defekte Tunica!* Dieser Fundbestand ist *überaus wichtig!* Bisher hatte man angenommen, dass die vielen im Handel vorkommenden Fragmente dieser »koptischen Stoffe« nur deshalb so defekt, vielfach zerrissen und oft zur Hälfte zerstört seien, weil die suchenden Araber gewissenlos die Gewänder den Toten vom Leibe rissen, und achtlos mit den gefundenen Stoffresten umgingen, so dass dann nicht allein die kompletten Gewänder, sondern auch die einzelnen Ornamentmuster nur in Stücken übrig blieben. Jetzt

Grosser Clavus aus schwarzer Purpurwolle, auszeichnender Einsatzschmuck von einer Männertoga. ca II. bis III Jahrh. n. Ch. Achmim.

stehen wir plötzlich auf einem ganz andern Standpunkte: Die vielen »Fetzen«, die vorliegen, haben nicht die »barbarischen Araber« verschuldet (wenigstens sind diese nicht an *allen* Defekten schuld, ein guter Anteil fällt ihnen ja immerhin zur Last), sondern die alten Kopten *haben diese Fetzen schon dem Toten ins Grab mitgegeben*, nicht als »Totengabe«, sondern als Füll- und Stopfmaterial bei Anlass der Munisierung! Da hat man von alten Kleiderresten und dgl. m. genommen, was gerade im Wege lag, gerade so, wie man im Mittelalter in rheinischen Kirchen die Reliquienschädel,

Kissen u. a. m. mit alten Stoffschnitzeln und dgl. ausfüllte. Und gerade so, wie hier diese alten Stofffragmente, so sind uns heute auch jene *ägyptischen* »*Stopflumpen*« recht sehr willkommen — sie bieten uns Reste aller Art: defekte verzierte Stoffe, zerrissene Tuniken, in Stücke geschnittene Togen u. s. w. — Hier aber hat man gelegentlich auch andere wirkliche *Beigaben* deponiert: die Schuhe des Toten, ein Gegenstand seines einstigen Berufes, ein Symbol u. dgl. m., und wie der Stoff, so hat sich hier natürlich auch alles Holz, alles Stroh, Leder, Metall, und selbst Fruchtwerk erhalten. — Und gehen wir nun zur *gänzlichen Auswickelung* des Toten über. Der Körper ist immer noch von einer Tuchhülle überdeckt. Über diese ist um den Hals ein zusammengerolltes Tuch gelegt, welches die Lücke zwischen Kopf und Hals ausfüllt. Wir nehmen dieses weg, hüllen den Toten aus dem letzten mit einem blauen Streifen gezierten Laken, das seinen Körper umfängt, und haben ihn nun nackt vor uns, die Hände der Seite entlang ausgestreckt, das Gesicht vorzüglich erhalten: Es ist ein bartloser Mann mit scharf ausgeprägten Zügen, ca. 40 bis 50 Jahre alt, 1 Metr. 85 cm. hoch. — Er, seine Verwandten und Freunde haben die Reise in diese Wüste angetreten, damit der Leichnam in Ruhe ungestört der Ewigkeit entgegenschlummern könne — vergebt mir, dass ich ihn gestört habe: Dort stand ich, und ich konnt' nicht anders!

Sechster Brief.

Über die Datierung der Gewänder und Stoffe von Achmim.

Hier mag es angebracht sein, der Funde Erwähnung zu thun, die ich teils auf diesem Gräberfelde persönlich erhob, teils von den Kopten und Arabern als Resultate ihrer eigenen Nachsuchungen erwarb. Der zumteil mit farbigen Claven verzierten *Gewänder*, der *Togen, Tuniken, Pallien* etc. habe ich bereits Erwähnung gethan. Aber ich will nicht unerwähnt lassen, dass dieser Besuch auf Achmim mir gerade für die *Datierung* dieser Gewänder neues Material geliefert hat. Sie wissen, dass ich schon 1889 in meinem »Versuch einer Klassifikation der antik-koptischen Textilfunde« diese Gewandreste auf Grund ihrer Dekoration in drei Gruppen ausschied — in drei verschiedenen Epochen angehörige Klassen. Die erste solche umfasste die *ältesten* Stoffe, jene aus *römischer Zeit*, mit klassischen Darstellungen in scharfer und guter Zeichnung, fast durchweg weisse Nadelarbeit auf dunkelfarbigem Purpurgrunde — schwarz, schwarzbraun, tiefblau, dunkelviolett. Wie weit zeitlich zurück diese Stoffdekoration reicht, werden bald die Untersuchungen all meiner Achmimfunde lehren. Ihren allmählichen Abschluss erreicht diese Kategorie gegen den Anfang des IV. Jahrhunderts, wo man beginnt, die

Gewänderbesätze *farbig* auszugestalten. Man lässt zu der einfach-weiss-schwarzen Zeichnung grün, rot, gelb u. s. w. treten, indem man einzelne Ornamente und andere Teile der Zeichnung in Farben ausführt. Diese Klasse von Stoffen umfasst eine zweite Periode, ca. das

Der Engel der Verkündigung vor Maria
Vielfarbige byzantinische Wollwirkerei von einer Tunika des ca. VII. bis VIII. Jahrhundert. Von Achmim.

IV. Jahrhundert, und bildet den *Übergang* zu den eigentlich *byzantinischen* Gewandresten, in denen die *Farbe* über die *Zeichnung* die *Oberhand* erhalten hat: die Zeichnung ist roh und schlecht geworden, um so schöner wirken die Farben. Wir begegnen zahlreichen Heiligengestalten, sogar biblischen Szenen und Inschriften in koptischer Schrift und Sprache mit biblischen Texten. Als Ende dieser dritten Kunstepoche nahm ich ungefähr das VIII. Jahrhundert an, in der Voraussetzung, dass mit dem Erscheinen der Araber die christliche Nekropole keinen plötzlichen aber doch allmählichen Abschluss genommen habe. — Soweit ungefähr gingen 1889 meine in jener »Klassifikation« auf Grund eingehenden Studiums dieser Stoffe gezogenen Schlüsse. Die Mehrzahl der interessierten Forscher nahm damals meine Klassifikation an, einige allerdings erhoben Einwände, Einwände, die ich indessen vorher schon mir selbst vorgelegt hatte: sind diese verschiedenartigen Techniken und Musterungen nicht aber als gleichzeitige Produkte aufzufassen, *die nebeneinanderher, aber von verschiedenen Provenienzen stammend, Verwendung fanden?* Auch diese Version wäre ja möglich gewesen, und sie ist bei allen Datierungen nie ausseracht zu lassen; aber für diesen Fall thut sie meiner Klassifikation *keinen Abbruch!* Im Gegenteil: *Meine persönlichen Nachforschungen auf Achmim haben meine Datierungen nicht nur voll bestätigt, sondern sie gestatten mir noch weitere, eingehendere Détailklassifikationen, welche noch schärfere Datierungen erlauben!*

Schon am ersten Tage meines Besuches sah ich mehrfach bei geöffneten Gräbern Stoffreste liegen, welche die Araber als wertlos neben das Grab hingeworfen hatten. Diese Stoffe sind durch die brennende Sonne schneeweiss gebleicht worden, indessen unter ihnen häufig Schlangen ihren Wohnsitz aufgeschlagen haben, so dass ein Aufheben der am Boden liegenden Fetzen in der Regel nur mit Vorsicht und unter Zuhülfenahme eines Stockes geschieht. Beim Untersuchen dieser Überbleibsel beobachtete ich nun die Thatsache, dass die neben einem Grabe liegenden Stoffreste stets ein und derselben Kategorie angehörten. Ich fand also nicht etwa farbige Stoffe bei einfarbigen, schwarzen liegen, sondern *diese stets nach Gräbern getrennt voneinander.* Das gleiche Verhältnis konstatierte ich dann noch in genauerem Masse an den von mir selbst geöffneten Mumien: Entweder ist eine Mumie in Stoffen

Seidengewebe in weiss auf grau-violett mit dem »das Heidentum besiegenden Christus«, »St. Michael« oder »St. Georg«. Achmim.

meiner ersten Kategorie, oder in solchen der zweiten, bezw. der dritten bestattet worden; nie aber fand ich bei *einer* Mumie einen jener Stoffe, die ich als »römische« (»I. Periode«) bezeichnet hatte, mit »byzantinischen« d. h. mit Stoffen meiner »III. Periode« zusammenliegen. *Dies ist der endgültige Beweis für die volle Richtigkeit meiner Datierungstheorie*, und von heute an kann hieran nicht mehr ›gewackelt‹ werden. Aber ich fand noch mehr! Ich fand, dass die mir in Achmim vor Augen liegenden Fundverhältnisse noch eine weit eingehendere Datierung erlaubten, eine noch weit schärfere Trennung, als ich selbst sie je vorzunehmen gewagt hätte: Ich habe *drei* Perioden unterschieden, heute kann ich deutlich, unverkennbar und unantastbar *fünf verschiedene Perioden unterscheiden*, fünf zeitlich aufeinanderfolgende Kunstepochen, die - in ihren Übergängen natürlich verschwommen — in ihren Höhepunkten scharf und deutlich abgezeichnet vor uns stehen:

Die erste und älteste Kategorie unserer Stoffe umfasst nur Gewänder mit einfachen streifenförmigen Claven in dunklem Purpur ohne jede eingewirkte Verzierung! — Die Farbe ist meist dunkelbraun, schwarz, blauschwarz oder tiefviolett, also meist dunkel, analog den Claven der römischen Zeit; aber wie Sie sehen, unterscheiden jene sich von diesen durch das Fehlen von eingewirkten Verzierungen. Dies ist wichtig, denn es beweist uns, *dass die verzierten Claven erst eine weitere, zeitlich spätere Entwicklungsstufe der unverzierten Purpurclaven sind!* In gleicher Weise zeigen auch die antiken Wachsportraits Theodor Grafs nicht verzierte, sondern einfache, unverzierte Claven; wir dürfen also mit Sicherheit auf eine *Gleichzeitigkeit der Graf'schen Portraits mit den derart dekorierten Gewandresten schliessen*. Wie weit zurück die Grafschen Portraits reichen, ist noch nicht sicher festgestellt; sicher aber ist, dass sie in die *vorchristliche* und *voraugusteische Ära* zurückreichen. Gleiches gilt von den *Portraitköpfen aus Gips*, wie ich sie oben erwähnt habe, und von denen manche in der

Art der Wachsportraits ein mit Claven dekoriertes Gewand verraten. Die Mehrzahl der bekannten derartigen Wachsportraits und Gipsköpfe entstammt dem Fayum. Von beiden Kategorien sind Proben aber auch in Achmim vorgefunden worden. Mit ihnen sind die Stoffe bezw. Claven der oben charakterisierten Art gleichzeitig. Sie mögen 1 bis 2 Jahrhunderte vor Christus zurückreichen, andererseits bis in die erste

Getriebenes Blattgoldblech mit Christus am Kreuz. »clavus aureus« von einem Gewande. Achmim.

Kaiserzeit hinauf getragen worden sein, und könnte man diese Klasse also etwa die *spätgriechische* nennen.

Dann erscheint *die zweite Kategorie mit einfarbigen, meist dunkeln Claven analog denen der ersten Periode, aber mit in Nadelarbeit eingewirkter weissfarbiger Zeichnung als Verzierung!* Man beginnt also den einfachen Purpurclavus durch Einwirken zarter Ornamentlinien dem Auge gefälliger erscheinen zu lassen und dem bisher einfachen Gewande dadurch einen kostbarern Anstrich zu geben. Diese Zierweise trägt sich hinüber auf die runden Claven und auf die Säume der Togen; den blossen Ornamenten fügt man symbolische Figuren, schliesslich ganze Szenen an, und so sehen wir die Stoffe dieser Periode mit klassisch schönen Rankenborten, Linien - Kombinationen, Gladiatorengestalten, Amoretten etc. auftreten. Neben Gladiatorenkämpfern sieht man einzelne Götter und Heroen zur Darstellung gelangt, Reihen von springenden Jagdtieren, die Jahreszeiten in symbolischer Wiedergabe, Löwenjagden etc., alles Darstellungen, wie sie fortwährend auf Mosaiken der römischen Kaiserzeit wiederkehren. Man wird also diese Kategorie am besten als die *römische* bezeichnen und ihr ungefähr die ersten drei Jahrhunderte unserer Zeitrechnung zuweisen.

Schon im ersten Jahrhundert hatte in Ägypten das Christentum Eingang gefunden. Die Verfolgungen der ersten Jahrhunderte legten indessen den Christen eine gewisse Zurückhaltung auf, und wenn sie deshalb auf ihren Gewändern ihre Eigenschaft als Christen zum Ausdruck bringen wollten, so mussten sie dies, um eine unmittelbare Demonstration zu vermeiden, lediglich in Form *symbolischer Zeichen* zum Ausdruck bringen. Manche der der eben erwähnten Periode zuzuweisenden Gewänder mögen Christen angehört haben, doch ist dies nicht immer mit Sicherheit aufgrund der Darstellungen festzustellen. Häufiger und deutlicher werden Stoffreste mit christlichen Symbolen im IV. Jahrhundert, als das Christentum zur Staats-Religion erhoben wurde und ausgedehntere Ausbreitung fand. Deutlich prägt sich der Umschwung auch in unseren Stoffen aus. Man merkt deutlich, dass eine neue Ära angebrochen ist: *Diese dritte Periode ist charakterisiert durch das Auftreten christlicher Symbole und vor allem auch durch ein Einstreuen* mehrfarbiger *Ornamente in die Zeichnung*, wie ich dies bereits oben angedeutet habe! Auch für diese Epoche fand ich in Achmim eine in ihrem Stoffinventar höchst charakteristische Mumie. Ich habe diese Kunstperiode als die *constantinische* bezeichnet und deutete damit an, dass sie ein Übergangsstadium von der römischen Ära zur byzantinischen darstellt.

Die vierte Epoche (meine bisherige dritte) *ist die byzantinische und entwickelt volle Farbenpracht unter*

Farbige Seidenstickerei mit Christus am Kreuz, von einem bischöflichen Pallium des VI. Jahrhunderts. Von Achmim.

immer merkbarer werdender Erschlaffung der zeichnerischen Geschicklichkeit. Die Figuren sind oft nur schwer noch zu bestimmen und die Zeichnung ist vielfach unverstanden und ganz mechanisch auf ältere Vorbilder kopiert. Dagegen leisten die Färber ganz Vorzügliches, und die Farben haben sich oft so frisch erhalten, als wären sie erst vor kürzester Zeit der Färberei entkommen.

Gemusterte Seidenstoffe und bedruckte Baumwollgewebe werden in dieser Ära gleichfalls allgemeiner zugänglich. Alles wird prunkender, glänzender, farbenreicher, und wenn man die Textilprodukte dieser Epoche genauer betrachtet, kann man sich dem Gedanken nicht

V

Gemustertes Seidengewebe
das als Clavus diente — von Achmim.

verschliessen, *dass die arabische, maurische, persische, sarazenische Kunst, überhaupt die ganze sogenannte orientalische Kunst mit all ihren Ornamenten, Motiven und Farben lediglich eine Weiterbildung dieser byzantinischen Kunst ist, ganz auf dem Kunstausdruck beruht, den die byzantinische Kunst in ihren ersten Jahrhunderten durch eine Verbindung von griechisch-römischer Kunst mit orientalisch südländischer Farbenliebe gezeugt hatte.* Ich habe auf meiner ganzen Reise den Ornamenten der Steinskulpturen, der persischen Teppiche, der Holzschnitzereien etc. an Häusern, in Museen und Moscheen mein besonderes Augenmerk gewidmet, aber ich muss Ihnen gestehen, dass ich *vergeblich* nach einem Ornament gesucht habe, von dem ich hätte sagen können: Siehe da, hier hast du einmal ein spezifisch orientalisches Ornament, das einen andern Ursprung als antike Vorbilder gehabt haben muss und dessen Stammbaum nicht auf europäische oder antike Muster zurückgeführt werden kann. In der That ist in den Funden von Achmim kaum zu unterscheiden, wo byzantinische Kunst aufhört und arabische Kunst beginnt.

Im VII. Jahrhundert kamen die *Araber* in Ägypten zur Herrschaft, von den Kopten selbst herbeigerufen als Bundesgenossen gegen ihre orthodoxen Mitchristen. Die christliche Kirche wurde unterdrückt, und der Islam gewann immer mehr an Macht und Ausdehnung. Dies kommt auch in den Funden von Achmim zum Ausdruck; den koptischen Inschriften auf den Stoffen gesellen sich allmählich *arabische* bei, und diese beweisen uns — was Musterung und Farben *allein* zu *wenig* sicherstellen liessen — dass wir uns hier in einer *neuen* Periode bewegen. Diese *fünfte Epoche, die arabische Periode,* ist mir heute durch neue Funde insofern bedeutend klarer geworden, als sie früher sich meinen Augen präsentierte, als über die Fortexistenz des Gräberfeldes von Achmim in die arabische Zeit hinein nun genauere Daten zu geben möglich sind. Früher schon schloss ich aufgrund von auf Achmim gefundenen Stoffen mit arabischen Schriftzeichen, dass das Gräberfeld auch in der arabischen Periode noch Weiterbenützung gefunden habe. Das Authören der Nekropole konnte indessen nicht genauer bestimmt werden, und ich nahm an, dass dies vielleicht gegen das VIII.—IX. Jahrhundert erfolgt sei. Der Zeitpunkt des Abschlusses kann auch heute noch nicht sichergestellt werden; aber wir wissen nun, dass die Nekropole noch im X. Jahrhundert Verwendung fand: *Zwei Leinengewebe von Achmim mit in roter Seide eingewirkter kufischer Inschrift besagen* laut Übersetzung des Herrn Professor Dr. Euting, *dass diese beiden Stoffe, der eine im Jahre 287, der andere 289 nach Muhammed, also in den Jahren 900 und 902 christlicher Zeitrechnung angefertigt worden sind!* Ein anderer für diese Zeit bedeutungsvoller Fund ist eine *hölzerne, als Mumienetikette verwendete Druckform*, auf welcher *einerseits eine griechisch-koptische Inschrift* (ΑΝΤΩΦΙ, der Name des bestatteten Toten), *andererseits eine kufische Inschrift eingegraben ist*. Die ältesten dieser Mumientabletten zeigen demotische Schriftzeichen, dann folgen griechische, oftmals bilingue mit einerseits griechischem, anderseits demotischem Text; dann kommen griechisch-koptische Lettern, und den Abschluss bildet nun diese Inschrifttafel mit *koptischer und kufischer Schrift. Sie beweist, wie rasche Fortschritte die neue Schrift und Sprache bei den Kopten machte und wie jene selbst bei christlichen Begräbnissen* ohne Anstossnahme zur Anwendung kam.

Siebenter Brief.

Die Funde von Achmim.

Von den *hölzernen Mumienetiketten*, wie ich sie Ihnen in meinem letzten Briefe erwähnt habe, ist mir von einem im Gebirge auf der Seite von Sohâg gelegenen Gräberfelde eine grössere Anzahl zugekommen. Man fand sie hier bei Mumien aus römischer und vorrömischer Zeit und zwar deren bei *einer* Mumie oft *mehrere*, diese so verteilt, dass eine auf der Brust lag, und je eine Etikette auf den Händen. Über den einstigen Zweck dieser Inschrifttäfelchen ist man noch nicht ganz einig. Früher nahm man an, dass sie dazu bestimmt waren, den Namen der Mumie der Nachwelt bezw. dem Jenseits mitzuteilen, aber wozu dann jene mehrfache Wiederholung auf ein und demselben Leichnam? Schon ehe ich jene obigen Fundverhältnisse kannte, war Dr. Spiegelberg auf Grund der Inschriften durch das mehrfache Vorkommen des gleichen Namens zu dem Schlusse gekommen, dass einer Mumie oft *mehrere* Etiketten mitgegeben worden seien und dass man also vielleicht eher an Dedikationsadressen zu den von Verwandten und Freunden des Verstorbenen am Grabe niedergelegten Geschenken zu denken habe. Diese Inschrifttäfelchen von Sohâg will Dr. Spiegelberg noch einer näheren Untersuchung unterziehen, diejenigen von

Achmim sollen in meinem Werke publiziert werden. Die Letzteren sind weniger zahlreich, aber sie sind für mich deshalb von besonderem Interesse, weil ihr Inhalt uns wertvolle Aufschlüsse über die auf Achmim bestatteten Toten giebt. Da wird unter andern ein Toter als der *Architekt der Stadt,* also nach unseren modernen Begriffen als der ›Stadtbaumeister‹ bezeichnet. Eine andere Tafel ist hochwichtig, *weil sie den antiken Namen von Achmim,* ›*Panopolis*‹, *enthält.* Sie trägt, mit Tinte vorgezeichnet und mittelst eines Linienstempels nachgraviert (bezw. gepunzt) die Inschrift:

ΗΡΩΝ
ΠΑΤΗΡ
ΠΑΝΟΠΟΛΙΤΗC

also ›Eron-Pater-Panopolites‹, d. h. Eron oder Hiero, der Vater, der Panopolitaner, ›der Bürger von Panopolis.‹ Ein Anderer, Namens Artemidoros, ist gleichfalls bezeichnet als

ΑΡΤΕΜΙΔΩΡΟC
ΠΑΝΟΠΟΛΙΤ

d. h. Artemidoros der Panopolitaner. Andere Namen lauten Paniskos

ΠΑΝΙΣΚΟC ΔΙΔΥΜΟΥ

Hieron (ΗΡΨΝ), Tkeko, Ariotes etc. Bei manchen ist das Alter, das der Tote erreicht hat, eingetragen und sind dessen Verwandte erwähnt. Die Inschrift ist meist in schwarzer Tinte aufgemalt, manchmal eingraviert; die Form dieser Tabletten ist bald viereckig, bald oval (selten), oder an zwei Ecken abgeschrägt, bald in der neben skizzierten Gestalt ausgeschnitten, wobei das eine Ende (seltener beide) mit einem Loche zum Anhängen bezw. Anbinden der Etikette versehen ist. Die Grösse variirt durchschnittlich zwischen 10 und 20 cm, doch habe ich von Achmim eine solche Inschrift mitgebracht, die von letztgedachter Form nicht weniger als 46 cm Länge aufweist und durch ihre doppelseitige, zehnzeilige Inschrift darthut, dass hier ein *Priester aus*

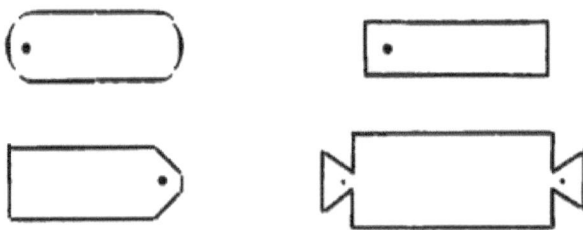

einem Kloster begraben liegt. Ich kann mich des Gedankens nicht erwehren, dass diese Inschrift ursprünglich *über* dem Grabe als Grabschrift angebracht war. Es darf Sie diese Deutung nicht wundern, denn ich habe von Achmim sogar das Bruchstück eines *hölzernen Grabkreuzes* d. h. dessen obern 34 cm langen Schenkel mitgebracht, der die ursprüngliche Länge auf mindestens 60 cm bestimmen lässt und beiläufig ebenfalls eine Grabinschrift mit dem beginnenden $\overline{IC}$ - $\overline{XC}$ trägt!

Und auch die Grabsteine fehlen nicht! Einzelnen Toten hat man über der Erde eine steinerne Grabstele errichtet und ich habe mehrere dergleichen Inschriftsteine mitgebracht, von denen zwei sogar ausdrücklich sich selbst als Grabstelen bezeichnen. So eine dreieckig gehauene Kalksteinplatte:

СТНАН
ΚΑΡΙΩΝΟC

wobei, wie auf den hölzernen Tabletten, auch hier das Alter des Toten anzugeben vorkommt. Ein in den

Stein eingehauenes Kreuz oder eine Palme bezeichnen den Toten als Christen — Sie sehen, man könnte sich fast in die Katakomben nach Rom versetzt glauben. Doch fehlt es auch an *älteren* Monumenten nicht, und ein Grabstein aus römischer Zeit bereitet mir ganz besondere Freude, denn er beweist schlagend meine schon früher aufgestellte Behauptung, *dass in Achmim nicht nur Kopten, sondern auch Angehörige anderer Nationen ihre Bestattung fanden, neben Kopten auch Römer, Griechen, Juden* etc. Man braucht nur die Typen mancher Graf'schen Portraits und mancher der oben erwähnten Gypsköpfe zu sehen, um sofort anerkennen zu müssen, dass auch Semiten unter den Bestatteten jener Gräberfelder waren, dass also hier weder Juden noch Römer oder Christen *gesonderte* Friedhöfe bewohnten! Und der Inschriftstein, von dem ich hier spreche, hat zweifellos das Grab eines abendländischen *Römers* geschmückt, denn die Inschrift ist in lateinischem Text und in lateinischen Lettern abgefasst und beginnt mit dem bekannten Diis (DIS) Manibus der heidnisch-römischen Zeit; sie erzählt, dass hier *Cornelius Saturninus* begraben liege. Darunter wiederholt sich derselbe Text in griechischer Schrift.

Auch auf den Enden der die Mumienhüllen festhaltenden *Leinwandbinden* hat man zuweilen den Namen des oder der Toten angebracht, mit Angaben über das erreichte Alter u. s. w. Auch hier ist der Text bei den ältern Mumien demotisch, bei den jüngeren griechisch und koptisch. Eine solche beginnt beispielsweise mit dem Namen BEPENIKH, ohne dass allerdings gleich an eine der Königinnen Berenike gedacht zu werden braucht. — Wie Sie sehen, sind meine inschriftlichen Errungenschaften von Achmim nicht gering und liefern

sie wichtige Beiträge und interessante Aufklärung zu
den verschiedensten diese Necropolis betreffenden Fragen.
Den Stein-Inschriften reihen sich würdig *die figuralen Steinskulpturen* an. Sie erinnern in Zeichnung
und Inhalt ganz an die Darstellungen unserer Stoffwirkereien und stimmen merkwürdig überein mit gleichzeitigen Steinbildwerken Italiens. Gleichartig sind auch die
wenigen in *Holz* erhaltenen Flachschnitzereien, worunter
eine *Buchdecke* hervorragend ist, die einen Consul mit
Schild und Speer, in geschmückter Tunika, darstellt,
lebhaft an die elfenbeinernen Consulardiptychen des
IV. bis VII. Jahrhunderts erinnernd.

Und Kleingeräte aller Art bietet reiche Abwechslung, Belehrung und Aufklärung über den Symbolismus,
die Beschäftigung, das Gewerbe und die Spiele jener
Zeit. Zwei *hölzerne Castagnetten* eigenartiger Form sind
wohl die ersten bekannten Exemplare aus dem alten
Ägypten. Die *Spinnwirtel* aus Holz und Knochen
zeigen ornamentale Gravierungen oder tragen noch den
hölzernen Spindelschaft, der bekanntlich in unseren europäischen Funden fast immer fehlt. Andere Knochenobjekte stellen *Puppenfiguren, Würfel, Marken und
Bullen* dar, dabei solche mit dem Bilde des *St. Georg.*
Unter den *Bronzen* habe ich neben *Kreuzchen,* wie
man sie den Toten als christliches Abzeichen mitgab,
Armringe, Schlüssel, Fibeln analog unsern »Armbrustfibeln«, und Styli mit interessanten Figuren, mitgebracht.
Unter den Schmucksachen figurieren neben Fingerringen, Ohrgehängen, Perlenketten etc. auch Agrafen,
wovon zwei unverkennbare Parallelen zu unserem Goldschmuck der Völkerwanderungszeit bilden; sie sind mit
farbigen, glatt geschliffenen Glassteinen eingelegt und
entsprechen auch in ihrer technischen Herstellung (mit

Anwendung von Cloisonnéwänden) unserem Schmuck der Merowingerzeit. Auch andere Parallelen zu unsern fränkischen Gräberfunden fehlen nicht; so die den Toten beigegebenen *Kämme*, in Achmim meist aus Holz, seltener aus Bein, von denen manche durchbrochen gearbeitet und mit Figuren geziert oder mit eingravierten Kreuzen u. dgl. versehen sind, die *Trinkbecher*, von ähnlicher Form wie unsere fränkischen, der reiche *Perlenkettenschmuck* mit seinen vielfarbigen Perlen aus Thon, Porzellan und Glasfluss (auch aus Holz, Bein und ausgeschnittenen Muscheln). Und da ich gerade bei den *Gläsern* bin, mag erwähnt sein, dass in Achmim sowohl eigentlich römische Gläser (meist weiss, gelb, blau oder schwarzgrün), dabei auch solche mit farbigen Fadenauflagen, als solche von der Art unserer spätrömischen und fränkischen, gefunden werden. Manche Phiolen sind ungemein klein, damit sie in die Mumie miteingewickelt werden konnten, andere, grössere wurden in Thongefässen eingebettet neben der Mumie niedergelegt. (Bekanntlich findet man auch die fränkischen Becher unserer Merowingergräber nicht selten in Thongefässe eingelegt.) Eine *Glasschale* ist besonders wertvoll, weil ihr Boden das *Brustbild der Minerva, mit Schild und Speer ausgestattet, eingraviert bezw. eingeschliffen* aufweist. Daneben erscheinen späterzeitliche Gläser, die wie die sogen. Hedwigsgläser in scharfem Schliff ausgeführt sind und zu den seltsamsten, noch rätselhaften Glasprodukten des frühen Mittelalters gehören. *Totenkränze aus Blumengewinden, künstliche Lorbeerkränze* zur Kennzeichnung des hohen Ranges des oder der Bestatteten, und zum »Ausfüllen« verwendete Pflanzenbüschel mögen neben dem archäologischen Werte auch Interesse für den Botaniker bieten. Unter den *Lampen* finden sich sternförmig gearbeitete aus Stein, thönerne mit christlichen Inschriften, und in einer steckt sogar noch der angebrannte Lampendocht! Dazu treten aus Holz geschnitzte *Kästchen*,und, neben Resten von *Knochenflöten*, ein paar kleine *bronzene Cimbeln*, wohl die Begleiter der obigen Castagnetten, wenn schöne Tänzerinnen von Kene die Panopolitaner besuchen kamen, um Letzteren die Zeit zu kürzen.

Eine rohe Steinskulptur von Achmim zeigt eine nackte Tänzerin mit solchen Cimbeln musizierend, indessen das Pendant jenes Bildwerkes eine andere, mit Arm- und Beinringen geschmückte Tänzerin darstellt. Inhaltlich interessante, *auf Thonscherben geschriebene Briefe (Ostraca)*, auf *Wachstafeln geschriebene Notizen*, die auf Holz geschriebene *Schreibübung eines Schülers*, beginnend:

N O Λ
N Y Λ
N Ω Λ,

Terra sigillata Patenen mit den christlichen Fischen und Tauben und mit anderen christlichen Darstellungen, *Schminktäschchen* mit dem dazu gehörigen Schminkstift, *Mützen* in farbiger Netzwirkerei, *Ledergürtel* mit eingestanzten Ornamenten, Schuhe und Sandalen, zum Teil reich verziert in den verschiedensten Techniken, und viele andere dergleichen hochinteressante Kleingeräte vervollständigen das Fundinventar von Achmim und geben uns einen tiefen Einblick in das Leben und Treiben der alten Panopolitaner zur spätgriechischen, römischen, frühchristlichen und byzantinischen Zeit.

Achter Brief.

Der Mumientransport.

Die Ausgrabungen sind beendet! Die Grableute packen ihre Hacken und Körbe zusammen, die Eseltreiber werden herbeigerufen, die Träger werden mit den Funden beladen und je zwei starke Fellachen nehmen zusammen eine der ausgegrabenen Mumien auf ihre Schultern. Nun noch einen letzten Blick auf dies hochinteressante Gräber- und Leichenbesäte Wüstenplateau, noch einen Blick hinüber ins Gebirge mit seinen Grabhöhlen, dann geht's in langsamem Tempo bergab und zurück der Stadt Achmim entgegen. Müde und abgespannt bewegt sich der Zug dann dem Saum der Wüste zu. Voran der koptische Führer, dann meine koptischen Begleiter, mein Dragoman, mein Diener Achmed und ich, alle »hoch zu Esel«, weiterhin unsere arabischen Grableute, unsere Träger mit ihren Körben, die gleichfalls belasteten, die Esel unausgesetzt durch Geschrei und Stockhiebe anfeuernden Eseltreiber, endlich die unter der gewaltigen Last keuchenden Mumienträger.*)

---

*) Nach den Skizzen, Photographieen und Anweisungen R. Forrers ist durch Kunstmaler R. Feurer eine Veranschaulichung des oben geschilderten Mumien-Transportes hergestellt worden. Das Bild zeigt die Karawane im Momente, da sie vom Wüstenplateau heruntersteigt, die letzten Gräber am Bergabhange

IX

Bald nötigt diese das Gewicht der stoffumhüllten Leichname zu langsamerem Gehen, auch die schwerer belasteten anderen Träger können dem Zuge nicht mehr rasch genug folgen und bald hat der Zug eine Länge und ein Aussehen erreicht, als käme da eine mächtige Karawane von Koseïr, vom roten Meere!

Hebung einer menschlichen Mumie aus einem der Ptolemäerzeit angehörigen Grabgewölbe mit Ibismumien.

Die Wüste liegt hinter uns, wir durchreiten nun grünes Gefild und bald liegen wieder die Palmenhaine

verlässt und in die Ebene tritt. Voran der Kopte Sidrak, dann Forrer, der Kopte Chammel, dann Forrers Diener Achmed, hinter diesem Forrers Dragoman, Träger, Treiber und Grableute. Im Vordergrunde Mumienkadaver und halbverschüttete Gräber und Gefässcherben, wie sie am Bergabhange bis an den Fuss des Gräberberges vorkommen. Im Hintergrunde die in der Ferne sich verlierende Hochebene des Gräberfeldes in der Wüste vor Achmim.

Achmims und die weissen Lehmhäuser der Stadt vor uns. Aber die Träger sind erschöpft, die Stoffumhüllung der Mumien leidet ersichtlich bei dieser Art des Transportes — die vollständig erhaltene Verschnürung der oberen Decken und die äusseren Stoffhüllen sind bereits mehrfach zerrissen, — wir müssen an eine andere Art des Weitertransportes denken. Alles wird deshalb ans Nilufer getragen, dort mieten wir eine Nilbarke und nach erfolgter Einschiffung gehts unter kräftigem Ruderschlage nilabwärts auf meine Residenzstadt

Byzantinische Druckform aus Holz zum Bedrucken resp. Mustern von Geweben. Von Achmim.

Sohâg zu. Aber gerade hier ist die Nilschiffung sehr schwierig und gefahrvoll, da unterhalb Achmim der Nil einen weiten Bogen macht, hier unausgesetzt Sand anund abgeschwemmt wird, die Fluten des mächtigen Stromes gegen das linke Ufer prallen und dort die Schiffe zu zerschellen drohen. Die reissende Gewalt des Stromes ist hier so stark, dass wir trotz aller Kraftanstrengung unserer Ruderer immer wieder gegen die steinigen Klippen des linken Ufers getrieben werden, so dass das Schiff, trotzdem es stromabwärts fahren soll, stromaufwärts gerudert werden muss und deshalb nur in Zickzacklinien vorwärts kommt. Und wenn die reissende Gewalt des Stromes das Schiff, trotzdem alles sich an die Ruder hing und meine Diener helfend eingriffen, immer wieder dem steinigen linken Ufer gefahrvoll zutrieb, begann jeweils die Schiffsbemannung einen Wechselgesang zur Beschwichtigung der bösen Geister, indem der steuernde Reis eine eintönige Melodie anstimmte, auf die dann die Ruderer singend antworteten. Jährlich geht hier eine grosse Anzahl von Barken zu Grunde und ich musste beim Anhören dieses Gesanges unwillkürlich an die Loreleyschiffer und ans Loreleylied denken, sowenig auch jener arabische Gesang unserem erhabenen Rheinliede nahekommt. Trotzdem hat er uns geholfen — glücklich landeten wir in Sohâg, packten hier die Mumien sowie die andern Erwerbungen in Kisten und sandten sie per Nildampfer nach Cairo; von dort gehen sie, nachdem das Museum sie revidiert und die Ausfuhr erlaubt hat, nach Europa weiter und werden dann in Strassburg ihre Auferstehung feiern!

Neunter Brief.

Meine Entdeckungen in Achmim-Stadt.

Bevor ich von Achmim Abschied nehme, muss ich Ihnen noch von meinen Beobachtungen und Entdeckungen in der Stadt Achmim selbst berichten.

Schon beim ersten Einreiten in die Stadt begegnete ich mehrfach mächtigen antiken Säulen, welche man bald als Sitze vor die Häuser, bald als Schwellen vor grosse Thore hingelegt hatte. Beim spätern Eindringen in die einzelnen Stadtteile sah ich dann noch mehrfach antike Baureste und ich will hier nur zweier tuffsteinerner Mumiensarkophage Erwähnung thun, deren nach der Mumienkörperform ausgehauene Höhlung die Besitzer verleitet hat, diese Monumente als Brunnentröge zu benützen. Ein anderer Brunnen ist aus mehreren mächtigen Steinsäulen, die man wagerecht aufeinander gemauert hat, aufgebaut. Auf einer steinernen Thorschwelle sind Hieroglyphen sichtbar. — Nicht gerade zur Ehre der modernen koptischen und arabischen Baumeister gereicht es, dass Steinbauten fast nur da sichtbar sind, wo antike Monumentstücke als Baumaterial Verwendung gefunden haben, während die Mehrzahl der Gebäude lediglich aus Lehmziegeln mit Holzbalkenanwendung hergestellt ist. — Die Stadt ist hügelig, die Strassen sind eng, stark steigend und ebenso oft wieder fallend. — Ganz besonders stark erhebt das Terrain sich gegen Osten, wo ein scharf aufsteigender Hügel der Häusermasse ein Ziel setzt. Hier über diesen Hügel führte uns jeweils unser Weg, wenn wir die Stadt verliessen, um das Gräberfeld zu besuchen, über das ich Ihnen in meinen letzten Briefen berichtet habe. Aber schon am ersten Tage, da wir auf unserem Wege nach dorthin diesen Hügel passirten, fiel mir die enorme Menge von antiken und modernen Thonscherben auf, die über den ganzen Berg zerstreut den Boden bedeckt. Abgeschürfte oder durch Rutschungen abgefallene Erdstellen zeigten auf den ersten Blick, *dass hier der ganze Boden total mit solchen Scherben durchsetzt ist.* — Reitet man dann den Hügel auf der der Stadt entfernter liegenden Seite herunter, so bietet sich hier ein grösseres Terrain mit teils neuern, teils ältern Muhammedanergräbern, kenntlich an ihrer halbkreisförmig aufgebauten Ziegelüberdachung. Mehr gegen den Nil zu erscheint der Erdboden mehrfach (wahrscheinlich von Schatzgräbern) aufgewühlt und einzelne Gebäude mit grossen Höfen zeigen sich zerstreut in der Ferne. Links davon erstrecken sich die berühmten Palmenhaine Achmims, und nach rechts sieht man von unserem erhöhten Standpunkte aus ein kleines Stück des Nils, des jenseitigen Ufers und in der Ferne das Gebirge mit der Wüste.

In derselben Richtung, aber näher, leuchtet uns ein weiss getünchtes Minaret entgegen und unmittelbar vor uns liegt ein zweiter grosser Hügel, an dessen Abhängen sich Reste alter Lehmziegelwohnungen und dito Gräber ausdehnen. Haushoch thürmt sich hier künstliches Mauerwerk übereinander und *hier haben wir wohl den interessantesten Theil der antiken Stadt Panopolis vor uns. Kuppelgräber, Flachgräber, antike Häuser-*

ruinen und Reste gleichzeitiger und späterer Anlagen industrieller Art bedecken die zerrissene Fläche. Viele dieser Ruinen sind durch Grabarbeiten frei gelegt, andere sind nur teilweise sichtbar und tragen auf der Oberfläche Nachbestattungen in Form alt- und neuarabischer Gräber. Welch' reiches und interessantes Forschungsgebiet haben wir in diesem Fleck Erde noch vor uns, und was mögen diese Erdhügel noch alles an wissenschaftlich wertvollen Schätzen bieten! Schon am ersten Tage meines Besuches, als ich an diesem Orte vorüberritt, sah ich in heruntergefallenem Erdreich einen Schädel und einige Knochen herauslugen, aber damals stand uns der Ritt auf das entfernt liegende Gräberfeld bevor, ein Aufenthalt war unmöglich, und, dem Drängen meiner Führer nachgebend, trennte ich mich von dem merkwürdigen Punkte, um vor allem der Untersuchung des Gräberfeldes obzuliegen, also jenes Punktes, dessentwegen ich hieher gekommen bin. Und jene Nekropole hielt mich so lange gefangen, dass schliesslich mir zur Untersuchung dieser Ruinenstätte nur wenig Zeit — erst am Schlusse meines Aufenthaltes — übrig blieb.

Im Gebiete der Stadt Nachgrabungen vorzunehmen, ist verboten und wenn man es im Allgemeinen mit „Verboten" hier auch nicht gerade sehr genau nimmt, so war dies doch für mich in diesem Falle nicht ratsam, weil arabische Gräber den Boden bedecken, und das Betreten arabischer Friedhöfe durch uns „Giaurs" für fanatische Mohammedaner eine Entweihung bedeutet. Mag man auch altägyptische Mumiengräber öffnen — das berührt den Mohammedaner wenig, denn für ihn waren ja auch diese Toten „Ungläubige". Aber die Gräber der arabischen Vorfahren anzutasten, ist ein schlimmes Ding, und wenn man nur mit einem unsanften

Hinausgeschmissenwerden wegkommt, so kann man von Glück sagen. Aber die Sache war für mich doch zu interessant, als dass ich sie ganz hätte aus den Augen lassen können, und wenn ich auch nicht zu regelrechten Ausgrabungen kam, so konnte ich es doch nicht lassen, dem vielversprechenden Terrain immer mehr auf den Leib zu rücken. Mögen die versprochenen Goldfüchse meine Begleiter und Aufpasser milder gestimmt haben, oder waren es die Beschwichtigungen durch meinen Dragoman — kurz ich kam den arabischen Gräbern ungestört immer näher, begann deren gelockertes Erdreich mit meinem Stocke zu durchschnuffeln und hatte die Genugthuung, auf *ein menschliches Gerippe zu stossen, das in weitmaschige Leinwand gehüllt war.* Es ist ein zweifellos sehr altes arabisches Grab und deren liegen hier noch zu Hunderten. Es war mit Ziegelbauten überdeckt, die aber schon längst morsch geworden sind. Sie waren mir ein symbolisches Bild des zerfallenden Reiches Muhammeds. Aber nicht auf diese Gräber hatte ich es abgesehen, sondern vor Allem auf eine Untersuchung des unmittelbar anstossenden oben erwähnten Scherbenberges. — An regelrechte Grabungen war also nicht zu denken, aber auf der dem Nilufer entgegengesetzten Seite fällt dieser Berg steil ab, erfolgen beständig Erdrutsche, und hier war es, wo ich meine Schritte hinwandte. Ich war auch kaum bei dem unterhalb dem Abhange vorbeiführenden Wege über das Geröll der abgerutschten Erde weggeklettert, als ich bereits — „Glück muss der Mensch haben" — auf ein paar Stoffreste stiess, die unter Erde und kleinen Steinen hervorlugten. Rasch war ich mit meinem Stocke zur Hand, begann das bedeckende Erdreich zu entfernen und zog im nächsten Momente schon *einen mit Stoff umwickelten Schädel* heraus. Die übrigen Gebeine lagen zerstreut in der Nähe umher und es ist anzunehmen, dass das Grab ehedem höher gelegen hat, dann mit der Erde ins Rutschen kam und schliesslich abstürzte.

Ich begann nun höher zu steigen und sah im nächsten Momente schon wieder glückverkündendes Gebein aus der schiefliegenden Erdebene hervorstehen. Mit dem Stocke und beiden Händen begann ich meine Grabarbeit von Neuem und hatte binnen Kurzem einen durch die Rutschungen etwas verschobenen, aber noch vollständig vorliegenden Leichnam vor mir. Und merkwürdig, was ich hier gefunden, hatten wir selbst auf dem grossen Gräberfelde vor Achmim nicht zu erhoffen gewagt: *Der Todte, von dessen Körper nur noch das lose Gerippe übrig geblieben war, trug Mütze, Tunika und Hosen!* Ein paar leibhaftige Unaussprechliche sah ich vor mir und die Beinknochen staken noch drin — man hatte ihm die Hosen also nicht nur beigelegt, wie so oft die Tuniken und Togen, sondern ihn damit bekleidet und so bestattet! Von Achmim besitzt das Düsseldorfer Museum ein paar Kniehosen aus Leinwand — es waren bisher die einzigen bekannten Stücke aus römischer Zeit. Jetzt kommt plötzlich ein zweites Paar dazu. Diese sind lang und reichten ungefähr bis an die Knöchel. Es ist dies ein Paar jener Hosen, wie sie im Alterthum die Gallier, die Parther, die Perser etc. trugen, das Urbild unserer modernen Pantalons. Die Tunika ist nach Art jener der sogenannten koptischen Mumiengräber, aber ohne eingewirkte Claven. Die Mütze ist rund, mit senkrecht aufsteigendem Rande. — Doch zurück zu meinem Gräberberge. — Ich rief meinem Dragoman meine Entdeckung zu und nun wurde es auch bei den am Fusse des Hügels ausruhend harrenden und bisher mein, wie sie glaubten, unnützes Suchen belächelnden Kopten und Arabern lebendig. Einer nach dem Andern kam heraufgeklettert, und bald fand dieser ein Gewebe, jener einen Schädel, eine Scherbe u. s. w. Da zog mein gleichfalls ins Feuer geratener Dragoman unweit von meinem Standpunkte einen Klumpen Knochen und Stoffe ans Tageslicht, der sich beim genauen Hinsehen als die *Leiche eines ganz kleinen Kindes entpuppte.* Die Erde hatte das Skelettchen zerdrückt, aber die Vorderpartie des Schädels war noch vorzüglich erhalten und den Leib zierte eine ganz kleine *mit Seide belegte Tunika!* — Je mehr wir der Höhe dieses Berges näher kamen, desto steiler abfallend zeigte er sich, aber *in allen Höhen mit Gräbern, Gefässscherben, Pithoi, Ziegeln und andern Graböberresten durchsetzt!* Und noch war es mit den Überraschungen nicht zu Ende. Hoch oben, fast am Rande des Abhanges, sah ich im Berge eine mächtige mit Leichenresten angefüllte, teilweise zerbrochene und durch Rutschungen blossgelegte *rotthönerne Graburne,* und in gleicher Höhe Stoffreste und Knochenüberbleibsel von andern bereits abgestürzten Gräbern. Auch Topfscherben aus römischer Zeit fand ich, und noch an mehreren Stellen des durch die Rutschungen gewissermassen in senkrechter Durchschnittsansicht vor uns liegenden Berges *Spuren von Ziegelgräbern und Kohlen- resp. Aschenschichten,* über deren Ursprung ich mir noch kein klares Bild machen konnte. — *Der ganze Berg scheint künstlich, nach und nach entstanden zu sein, indem man Grab auf Grab legte, und vielleicht auch, ähnlich dem berühmten Scherbenberge Roms,* (an den ich hier lebhaft erinnert wurde) *als Ablagerungsort für zerbrochenes Geschirr etc. diente*

So türmte er sich höher und immer höher, bis er schliesslich seine jetzige Höhe erreicht hatte (er mag wohl 15 Meter Höhe haben, sein Umfang ist ungeheuer). In neuester Zeit haben darauf keine Bestattungen mehr stattgefunden, doch dürften in der obersten Erdschicht noch *altarabische Gräber* ruhen, indessen darunter *haushoch sicher ältere, byzantinische, römische und vielleicht noch ptolemäische Gräber liegen.* Eigenartig ist auch die Bestattungsart mancher hier niedergelegten Leichen. Sie sind in ein Leinentuch gewickelt worden, dessen oberes und unteres Ende mit Schnüren zusammen gebunden sind, ungefähr so, wie man einen Mehl- oder Kartoffelsack oben verschnürt. Eine Mumifikation scheint nicht stattgefunden zu haben, und der lockre Boden hat die Fleischteile rasch aufgelöst, so dass hier nur die Knochen und — infolge des trockenen Bodens — die Stoffumhüllung übrig blieb. Römische Topf- und Glasscherben, Perlen, blau glasierte ägyptische Thonfragmente, Ostraka und eine byzantinische Münze beweisen unwiderleglich das hohe Alter dieses antiken Scherben- und Gräberberges. Möge mir vergönnt sein, hier noch einmal Hand anlegen zu dürfen und das Rätsel dieses merkwürdigen Totenhügels zu lösen!

Ich habe diesen „Scherbenberg", (so taufte ich ihn zum Unterschiede vom Gräberberge in der Wüste, damit keine Verwechslungen eintreten) photographieren lassen, aber gerade die Aufnahme jener durch Rutschungen blossgelegten Bergseite ging leider durch die Ungeschicklichkeit meines syrischen Photographen in die Brüche.

Achmim oder vielmehr Panopolis muss eine uralte und zur Römerzeit ganz beträchtliche Stadt gewesen sein. Das beweist nicht allein sein ausgedehntes Leichenfeld, nach dem auch zahlreiche Tote Unterägyptens gebracht worden zu sein scheinen, sondern für die Bedeutung Achmims sprechen vor Allem auch *einige gewaltige antike Säulenstämme*, die man umgestürzt, jetzt als Ruhebänke oder Aufsteigetritt dienend, vor einigen Häusern liegen sieht, und die die Existenz gewaltiger Tempelbauten voraussetzen. Auch Statuenreste aus römischer Zeit sah ich; aber teils forderten

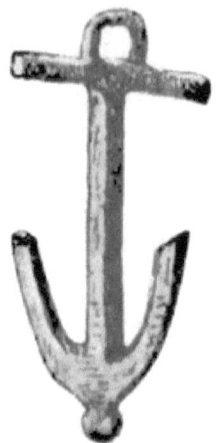

Anker-Anhänger aus Zinn, als christliches Symbol der Hoffnung. Von Achmim.

die Besitzer enorme Summen, teils waren die Torsi zu schwer und künstlerisch zu unbedeutend, als dass der Gedanke einer Erwerbung ernstlich hätte erwogen werden können. — Achmim war dem Gotte Pan (daher der Name Panopolis) geweiht, aber vielleicht weniger dieser, als das Mumienconservierende Klima gerade dieses Erdstückes mag die Ursache gewesen sein, dass hier ein so grosses und vielbenütztes Begräbnisscentrum war. Möglicherweise sprach dabei auch der Nil ein Wörtchen mit, denn der Transport der Mumien zu Schiff begann von Sohâg ab infolge der in meinem letzten Briefe erwähnten Wassergefahr zwischen Achmim und Sohâg gefahrlich zu werden und manche Mumie mag ehedem hier mitsamt dem Schiffe umgeleert worden und wieder Nilabwärts geschwommen sein. Erfahrung macht klug — warum sollte man aber schliesslich nicht darauf verfallen sein, die Mehrzahl der von Unterägypten zum Begräbnis nach Oberägypten versandten Mumien in Achmim resp. Sohâg auszuladen und sie gleich hier der Erde zu übergeben? Dies erklärte auf natürliche Weise den ganz ungewöhnlichen Umfang unserer Necropolis am Rande der Wüste!

Achmim war aber auch schon im Altertume seiner schönen Gewebe wegen berühmt, und wenn es dies nun neuerdings durch die dort gefundenen antiken Textilien wieder geworden ist, so mag man bedenken, ob auch da nicht ein Causalzusammenhang vorliegt. Noch heute birgt die Stadt zahlreiche kleine und grosse Webereien, und hier ist es, wo die Mehrzahl der in Ägypten für Eselsdecken so beliebten bunt gestreiften Wollgewebe fabriciert wird. Ich liess mich in eine solche „Weberei" führen — sie war so klein und eng, dass man sich kaum umdrehen konnte — und überzeugte mich, dass noch heute dort in ähnlicher Art und Weise gearbeitet wird, wie das schon zu den Zeiten der Byzantiner der Fall war. — Lange noch hätte ich hier verweilen und studieren mögen, aber schon zu lange hatte ich mich hier aufgehalten; denn es galt, die Reise Nilaufwärts fortzusetzen, bevor der Sommer uns mit Fieberluft und Cholera begrüsste!

Zehnter Brief.

Nach El Menschie — Ptolemaïs-Hermiu.

Von Sohàg aus nahm ich meinen Weg nach der Ortschaft *El-Menschie,* wo in jüngster Zeit zahlreiche Grabungen vorgenommen worden sind, viele von Arabern auf eigene Faust, zwecks Gewinnung von Altertümern. Menschia (von den Arabern wie „Meschiä" ausgesprochen) ist die Stätte des antiken *Ptolemaïs-Hermiu* zur griechischen Zeit, die altägyptische Stadt *Psi.* Seine nicht allzu grosse Entfernung von Sohàg (14 Km.) macht es mir wahrscheinlich, dass die Necropole von Sohàg, deren ich oben Erwähnung that, zahlreiche Bewohner des alten Menschie beherbergt; doch trägt die Umgebung der Stadt selbst, wie Sie gleich hören werden, zahlreiche Gräber, und ebensolche liegen im Gebirge hinterhalb Menschie's. Die Letzteren bilden gewissermassen eine Fortsetzung derjenigen von Sohàg, sofern nicht umgekehrt jene von Sohàg eine nördliche Fortsetzung der für die Bewohner von Ptolemaïs-Hermiu angelegten Totenfelder darstellen. In Menschie besuchte ich einige mit Altertümern handelnde Araber, die zahlreiche Scarabäen und andere kleine altägyptische Thonwaren besassen, daneben einige grössere Steinskulpturfragmente und eine nicht geringe Anzahl von Papyrusrollen.

Indessen erwiesen sich die *Scarabäen* bei näherer Besichtigung als grösstenteils *falsch*, trotzdem sie oft recht geschickt und fein in Stein geschnitten oder vorzüglich in glasiertem Thon nachgebildet sind. Ebenso waren die *Papyrusrollen* in ihrer mir vorgelegten Form eine Fälschung. Es sind zwar durchweg alte ächte Papyrusfragmente dazu verwendet, aber diese sind neuerdings erst von den Arabern zusammengerollt und so verklebt worden, dass der Neuling oder Uneingeweihte glaubt, irgend eine wertvolle grosse Papyrusinschrift in ihrer Originalform vor sich zu haben. Geht man nachher an's Öffnen, so erweist sich der Inhalt natürlich als verdorben und wertlos. Kenntlich sind diese falschen Papyrusrollen an ihren scharf abgeschnittenen Kopfflächen. Zum grossen Erstaunen des anbietenden Arabers liess ich diese schönen Rollen liegen und beschränkte mich auf die Erwerbung einiger mit griechischer und demotischer Schrift beschriebenen Papyrusfragmente, die sich bei genauer Besichtigung als frühe Rechnungen erwiesen haben. — Umsomehr Interesse bot mir das Terrain der antiken Stadt, das mit den in meinem letzten Briefe beschriebenen Trümmerhügeln Achmims viele Ähnlichkeit zeigt. Die Stadt Menschie selbst liegt auf einem vielfach von Gräbern durchzogenen Hügel, und westlich davon, auf dem Wege von der Bahn zur Ortschaft, passiert man ein vielfach zerrissenes Feld, das bei selbst nur wenig tiefen Grabungen eine Menge von Gräbern aus arabischer und älterer Zeit, Ziegelreste aus römischen und vorrömischen Gebäuden und Artefacte aller Art birgt. Bei hier vorgenommenen Schürfungen stiess ich in kurzer Zeit auf *Skelette mit Stoffresten und auf Holzstangen, auf denen die Skelette niedergelegt worden waren.* Zahlreich sind auch hier die Urnenscherben, und an einer abgestürzten Bruchstelle des Berghügels, auf dem die heutige Ortschaft liegt, zeigten sich mannigfach *graue und rote Ziegelreste, eine Unmenge von Thonscherben und dazwischen sich hinziehende Aschenschichten.* Zahlreiche zerbrochene *Pithoi* bedecken die Fläche und finden sich in der Erde; insbesonders häufig, geradezu zahllos, sind — wie ich dies auch auf dem Terrain des Gräberfeldes von Achmim beobachtete — *abgebrochene Fuss-Spitzen von Amphoren, oft mächtigen Pithoi.* Hier hat man zahlreiche Statuen und viele Stelen gefunden, welche jetzt das Museum von Gizeh zieren; von hier stammt auch die nun in jenem Museum befindliche Skulptur einer über lebensgrossen, aufgerollt am Boden liegenden Schlange in schwarzem Granit. Die Funde aus diesem Terrain stammen zumeist aus ptolemäischer und römischer Zeit. Systematische Grabungen ergäben zweifellos prächtige Resultate, denn allem Anschein nach war dieser Ort in jenen Epochen stark bevölkert und mit ansehnlichem Reichtum ausgestattet. Selbst heute noch bietet El-Menschie mit seinen mehrfach recht ansehnlichen Gebäuden und seinem regen Leben den Anblick eines recht wohlhabenden Ortes. Beachtenswert auch für den Archäologen ist die Bauart mancher Häuser, deren Mauern, insbesondere deren obere Hälfte, aus grossen und kleinen Töpfen aufgebaut sind; als Bindemittel dient Lehm, den man gelegentlich mit Stroh durchmengt hat. —

Als ich El-Menschie besuchte, herrschte wie am letzten Tage meines Aufenthaltes in Achmim ein *Chamsin*, der so gewaltige Hitze mit sich brachte, dass ich alle Energie zusammennehmen musste, um nicht zu erlahmen und den mir gestellten Aufgaben gerecht zu werden. Die Hitze stieg bis zur Unerträglichkeit, und, trotzdem hier in Folge der grossen Lufttrockenheit die Schweissabsonderung im allgemeinen eine verminderte ist, rann mir der Schweiss nichtsdestoweniger wie Bäche zu beiden Seiten auf die Schulter nieder. Der massenhaft aufgewirbelte feine Staub verdunkelte die Fernsicht und liess die Sonne nur als grosse gelbe Scheibe durch die nebelartige Atmosphäre durchscheinen. Man glaubt ersticken zu müssen und alles sucht, leider vergebens, Kühlung im Schatten. Der Boden glüht unter den Füssen, und die weiss getünchten Wände der Hofmauern werfen die Hitze verdoppelt zurück, so dass man sich in einem Backofen glauben könnte. — Glücklicherweise dauerte auch dieser Samûm, so heisst dieser Wüstenwind in seiner stärksten Form, nicht ewig, und die letzten Stunden seines Wütens sahen mich bereits nach kurzer Bahnfahrt bis Girgeh im Nilaufwärtsstrebenden Dampfer gen K e n e eilend. Ihnen aber, zum Andenken an jene heissen Tage, sende ich nachstehende Zeilen in etwas altägyptisch klingendem Versmaasse:

> Heiss brennet der Wind
> die Wüste durchrasend
> den Athem aufsaugend.

> Heiss brennet die Sonne
> vom Sandsturm verschleiert
> als weissgelbe Scheibe.

> Heiss brennet der Boden,
> breitklaffende Risse
> hemmen die Schritte.

> Heiss sprühen die Mauern,
> glitzernd und blendend,
> rückstrahlend die Hitze.

Heissperlender Schweiss rinnt
vom Haupte hernieder,
den Körper ermattend.

Es schwindet den Augen,
vom Staube geblendet,
das wechselnde Bild.

Mit dürstenden Lippen,
— erlahmt und ermattet —
murmeln die Träger
leise Gebete.
Sie beten zu Christus,
beten zu Allah
und zum Propheten:

„Gebiete dem Samûm!"

Elfter Brief.

Von Girgeh nach Kene und Luxor-Theben.

In Girgeh hat die durch das Nilthal nach Süden führende Eisenbahn ihr Ende. Doch ist für spätere Jahre ein Weiterbau des Schienenweges bis Luxor geplant. Vorläufig aber, und für Jahre noch, bleibt Girgeh Endstation. Hier ist es, wo jene Reisenden, die keine Zeit zu verlieren haben und deshalb, statt mittelst Dahabie von Cairo aus den ganzen Nil aufwärts zu fahren, die Eisenbahn des Nilthals benutzen, die unten am Flusse der Passagiere harrenden Nildampfer besteigen. Man geht von der Bahn direkt zum Schiff, und da die Ortschaft mehr nilaufwärts liegt, bleibt dem Reisenden die Stadt selbst nur von der Ferne sichtbar. Es sollen dort viele reiche Kopten wohnen; mehr landeinwärts aber soll ein lateinisches Kloster, wie man sagt, das älteste in Aegypten, sich befinden. In den 1820 (deutsch 1827) herausgegebenen Aufzeichnungen der Nilreise der Baronin von Minutoli wird jenes Kloster als im Besitze der römischen Propaganda erwähnt und berichtet, dass nur noch ein einziger Priester am Leben war. Dieser verrichtete für die hier wohnenden koptischen Familien, in Ermangelung eines koptischen Priesters, den Gottesdienst. Das Kloster ist dem St. Georg geweiht und soll von diesem Schutzpatrone der Ortsname — Girgeh — herstammen.

Der Nildampfer eilt vorbei am Dorfe Belliâne, in dessen Nähe die Tempel von Abydos viele Touristen und Aegyptologen anziehen. Die durch ihre Inschriften und Sculpturen bedeutendste Abtheilung der Seti-Tempelanlage ist indessen, nachdem Mariette sie 1859 ausgegraben hatte, vom Entdecker nach der Copienahme wieder zugeschüttet worden, um diese Bildwerke vor jeglicher Zerstörung zu sichern. Dies ist in Aegypten vielfach der einzige Weg, die kostbaren Sculpturtafeln vor raubgierigen Arabern und Andenkenhaschenden Touristen zu schützen. — Von Belliâne geht es weiter südlich, dann hält der Dampfer, die Passagiere, welche den Tempel von Denderah besichtigen wollen, werden mittelst Kahn abgeholt, und der Dampfer landet hierauf nach wenigen Minuten in Kene.

Der Tempel von Denderah ist berühmt sowohl durch seine schöne Anlage und Architectur, als auch durch seine wunderbaren Sculpturen. Es ist das griechische Tentyra, ein Heiligtum der Göttin Hathor, und in seinen Grundmauern von höchstem Alter. Schon zur Zeit der VI. Dynastie wird dieser Hathor-Tempel erwähnt, die Anlagen allerdings, wie wir sie vor uns haben, datieren aus späterer Zeit. Thutmosis III. begann nach überlieferten Plänen des Chufu den Bau; 200 Jahre bedurfte es bis zur Vollendung, aber bereits zur Zeit der Ptolemäer war ein Neubau notwendig geworden. Dieser stützt sich in Architectur wie Dekoration auf den Vorgänger, hat aber gleichfalls viele Jahrhunderte in Anspruch genommen, so dass die Vollendung erst in die Zeit der ersten römischen Kaiser fällt. Cleopatra, Augustus, Tiberius, Caligula, Claudius und Nero haben sich darin verewigt, aber alle sind in altägyptischer Kleidung und in altägyptischer Darstellungsweise den

Göttern opfernd portraitiert. Die vielen Kammern und Säle hatten ein jeder seine besondere Bestimmung, die bald durch Inschriften, bald durch Bildwerke oder Altäre, Opfertische oder dgl. erkennbar ist. Eines der Gemächer ist als das „Zeugstoffgemach" bezeichnet, also als jener Raum, in dem die beim Gottesdienste verwendeten heiligen Gewänder ihre Aufbewahrung fanden.

In Kene besuchte ich einige arabische Antiquare, war indessen weder von deren Waren, noch von deren Preisen erbaut. Fälschungen fehlten in Anbetracht der vielen hier durchreisenden Touristen natürlich keineswegs, und zahlreiche mir zum Kauf angebotene Stein- und Thonbildwerke machten auf mich den Eindruck, als wären die Leute von Kene nicht allein im Töpferhandwerk sehr geschickt, sondern vor allem auch im Nachahmen, Reparieren und Restaurieren von Altertümern. Interessant sind die an die Terrasigillatagefässe der Römer erinnernden Thonwaren von Kene; eigenartig ist besonders deren Transport nach dem Norden, indem man die Krüge (zugestopft natürlich) mit den Henkeln in vielen tausend Exemplaren zu einem Flosse aneinanderbindet und das Floss Nilabwärts steuert. — Kene ist auch berühmt durch seine Tänzerinnen. Ich sah deren zahlreiche vor ihren Hutten sitzen und der „Kunden" harren; gar manche richtete ihre schwarzen Augen auf den fremden Besucher; dieser aber hatte es eilig, und so kann ich Ihnen denn erst von den „Ghawazis" von Luxor „intimeres" berichten.

Nach zweitägiger Nilfahrt begrüsste ich endlich Luxor, den bedeutendsten Touristenpunkt Oberägyptens. Schon vom Schiffe aus sieht man die gewaltigen Tempelsäulen gen Himmel ragen, und staunend bewundert man diese Gebäudekolosse, diese prächtigen Säulenanlagen und die wohlerhaltenen Sculpturen. Zwar habe ich die Insel Phylae und Assuan nicht besucht, aber ich glaube, dass, wer nicht bloss als neugieriger Tourist nach Aegypten geht, oder als nach altägyptischen Bild-

Säulenreihe in Karnak bei Luxor.

und Schriftwerken forschender Aegyptologe, leichtlich Phylae und Assuan entbehren kann, nachdem man Luxor, Karnak und das westseitige Theben gesehen hat. Einer Steigerung ist diese Grossartigkeit nicht mehr fähig! Luxor ist im Sommer ein fast ausgestorbener Ort; denn alles schläft, sucht Kühlung im Schatten und meidet jede Anstrengung. Die Hôteldirektoren und die anderen europäischen Geschäftsleute haben mit Beginn der heissen Jahreszeit Luxor verlassen, um nach Cairo, Alexandrien oder Europa zu gehen. Selbst manche eingeborene Händler und die hier den Fremden ihre indischen Stickereien verkaufenden Indier verlassen mit den letzten Fremden den Ort, um nordwärts reichlichere Beschäftigung zu finden. Der Dampferverkehr beschränkt sich auf ein Minimum, und der letzte von Assuan zurückkehrende Cook'sche Fremdendampfer, der Ende März Luxor passiert, ist das Signal: „Schluss der Saison." — Die gewaltigen Räume des grossen Hôtels Tewfekia (Thewfikieh) waren bereits grösstenteils ausgeräumt, als ich dort für mich und meinen Dragoman Wohnung nahm. Wäre ich nicht seit mehreren Tagen schon telegraphisch angemeldet gewesen, so hätte ich verschlossene Thüren gefunden. Also ich kam gerade „vor Thorschluss" der Saison in Luxor an, gerade recht, um noch einen Begriff von Luxor's Leben im Winter zu erhalten. Manche Händler hatten ihre Läden bereits geschlossen, die Mehrzahl aber harrte aus „bis zum letzten Dampfer" und bot Töpferwaren von Kene, indische Stickereien, persische Brocate, Sudanwaffen, Schmucksachen, Ansichten von Luxor und allerlei Früchte feil. Man wird unwillkürlich an unsere europäischen Badeplätze erinnert, sowohl durch eben diese Kaufläden voll mehr oder minder unnützer „Fremdenartikel", als auch durch die die Strassen durchwandernden Typen englischer Touristen und durch die Vergnügungen aller Art, mit denen Luxor die Fremden zu fesseln sucht. Die Hôtelbesitzer und die ausländischen Konsuln (meist Kopten, die gleichzeitig auch Antiquitätenhandel treiben) veranstalten Festlichkeiten aller Art.

VII

Die Konsuln insbesonders bieten ihren Landsleuten durch Veranstalten von „Fantasîja-Nächten" eine für Ober-Aegypten charakteristische Abendunterhaltung. Ehemänner thun indessen gut, ohne ihre „bessere Hälfte" zu erscheinen, denn die Fantasîja ist nur für Zuschauer

Arabische Tänzerin.

des „stärkern Geschlechts" bestimmt. Lampions erhellen den Raum, in dem wir auf niedrigen Divans Platz genommen haben; Negerinnen schlagen ihre rasselnden Tambourins und singen dazu einen einförmigen Rhythmus, worauf die Tänzerinnen erscheinen, nach der Musik den

Körper, die Hände, Arme und Beine bewegen, dem Zuschauer sich nähernd und sich wieder entfernend. Dann werden Musik und Tanz rascher. Die Tänzerinnen begleiten ihre Annäherungen mit Liebkosungen und Schmeichelworten — die Tambourins, die Klappern und die Kehlen der Sängerinnen arbeiten fieberhaft, die Tänzerinnen verdoppeln ihre Anstrengungen, dehnen ihre Liebkosungen zu Umarmungen und Küssen aus, die schleierartigen Gewänder fallen — — — es wird Zeit zum Aufbruch! — In Luxor bewohnen diese Tänzerinnen, „Ghawazi," in ihrer Mehrzahl ein eigenes etwas abseits von der Ortschaft gelegenes Hütten-Viertel — sie versüssen dem Touristen durch ihr Entgegenkommen die Nilreise und erinnern ihn daran, dass auch hier nicht alles „Mumie" ist.

Gleich nach meinem Eintreffen in Luxor begab ich mich an die Besichtigung des grossen Tempels von Luxor, ein gewaltiges Monument von nicht weniger als 260 Meter Länge, geschmückt mit vielen Hieroglyphen, mächtigen Säulen, kolossalen Statuen und dem bekannten Obelisken. Leider steht dieser Bau tief unter dem Niveau der Ortschaft Luxor; diese ist auch vielfach eng an und in den Tempel eingewachsen, so dass das Gesamtbild in seiner Grossartigkeit nicht genügend zum Ausdruck kommt. Neuerdings unternommene Ausgrabungen in vom Nilufer entferntern, auf der Strasse nach Karnak gelegenen Teilen des Ortes Luxor haben kürzlich eine Doppelreihe von steinernen Sphinxen entdecken lassen; diese bildeten die Einfassung einer breiten Strasse, welche in gerader Linie nach den Tempeln von Karnak führte. Um das Innere dieser Tempel zu besichtigen, ist ein bei Cook in Cairo gelöster Passe-partout erforderlich, den zu lösen ich vergessen hatte.* Mit der nötigen Unverfrorenheit bewaffnet und mit einigem Bachschisch (Trinkgeld) nachhelfend, war ich bisher bei der Besichtigung der Tempel etc. keinen Hindernissen begegnet. Als ich nun aber Karnak besuchen wollte, wurde mir bedeutet, dass ohne Passe-partout die interessantesten Tempelgemächer nicht betretbar seien, und ein Eseltreiber half mir deshalb aus der Verlegenheit, indem er mir seinen Passe-partout zur Verfügung stellte; dieser half, als ich ihn aber nach der Vorweisung genauer besah, stellte sich heraus, dass es — ein Diner-Menü-zettel des „Luxor-Hôtel" war! — Karnak bietet schon beim Heranreiten einen imposanten Anblick; denn links und rechts ist der Weg mit Widdersphinxen bordiert, und prächtige skulptierte Riesenthore lassen auf den Reichtum der dahinter liegenden Gebäude schliessen. Und nun folgen sich Tempel auf Tempel, Riesengemächer, Höfe und hoch zum Himmel emporstrebende Säulenhallen. Man weiss nicht, soll man die gewaltigen Dimensionen der Säulen und des Obelisks oder die künstlerisch ausgeführten und hochinteressanten Skulpturen mehr bewundern. Unter den Letztern sieht man Seeschlachten abgebildet, welche die Aegypter nordischen Völkern lieferten, Kämpfe Setis I. und Ramses II. gegen die Cheta, die Remenen (Armenier) und Retenu (Syrer), den siegreichen König Seti im Streitwagen der Schlacht den Ausschlag gebend, im Hintergrunde eroberte Festungen, durch Hieroglyphen als Kanana (Kanaan!) und Ninua (Niniveh) bezeichnet, weiter Wagenkämpfe, Triumphzüge, Gefangene u. s. w. Bei einzelnen Tempelteilen ist noch die alte Decke

---

* Merkwürdigerweise und für ägyptische Verhältnisse recht bezeichnend ist es, dass man diese Einlasskarten nicht einmal am Orte selbst beziehen kann.

erhalten, mit goldenen Sternen auf blauem Grunde bemalt — das Himmelsgewölbe imitierend. Und einer dieser Säle hat sogar in byzantinischer Zeit als christliche Kirche Verwendung gefunden. Es ist eine Tempelanlage Thutmosis III, mit gewaltigen Säulen, von denen einzelne vielfarbig aufgemalte Heiligenbilder tragen. Ich bemerkte mehrere al fresco ausgeführte Apostelfiguren, deren Alter ein sehr ansehnliches zu sein scheint und die vielleicht noch dem VI.—VII. Jahrhundert angehören. Ungeheuer ist dieser Bautencomplex, an dem 2 Jahrtausende lang gearbeitet worden ist; gewaltig aber sind hier auch die Aufdeckungsarbeiten der Forscher, und imposant ist das Resultat dieser Arbeiten, auf Grund deren heute die alte Geschichte Aegyptens klar und deutlich vor uns liegt.

Grossartig ist der Anblick dieser wunderbaren Tempelanlagen nicht allein bei Tage, sondern auch bei Nacht. Ich machte eines Abends einen Ritt von Luxor nach dem ca. $1/2$—$3/4$ Stunden entfernten Karnak und genoss nun den magischen Anblick dieser Ruinenstätte im Mondscheine. Die Riesensäulen werfen tiefschwarze Lichter auf die vom Monde hell beschienenen weissen Mauern, und die Ruhe der Nacht passt vortrefflich zu den unbeweglich zum Himmel ragenden Steinriesen mit ihren starr blickenden Statuenköpfen. — Karnak, Luxor und die vielen Monumente auf der andern Seite des Nils bildeten zusammen ehedem *das gewaltige „hundertthorige" Theben*, Diospolis von den Griechen benannt. Die Stadt ist uralt, einzelne Monumente reichen bis in die XI. Dynastie zurück; ihre Hauptrolle spielte sie, als Athmes I. die Hyksos aus Aegypten vertrieb und Theben zur Hauptstadt des Reiches machte. Später aber verlegten die Könige ihre Residenz nach Unterägypten, die Assyrer, die Äthiopen, die Perser kamen, und was diese und die Belagerung des Lathyrus nicht umzuwerfen vermochten, zerstörte das 24 nach Christus in dortiger Gegend wütende Erdbeben. Allein dies gewaltige Naturereigniss erklärt uns, wie so riesenhafte Säulenkolosse zum Umstürzen gebracht und die mäch-

Die Memnonskolosse bei Theben.

tigen Steinquader der Tempelmauern verschoben werden konnten.

Um nach dem Theben des Westufers zu kommen, setzt man von Luxor aus in einem kleinen Kahne (Felûka) über den Nil, besteigt an dem sandigen Westufer die Tags zuvor dorthin bestellten Esel und reitet nun über eine flache Insel und den im Winter seichten Nilarm landeinwärts. Bald lässt man die wenigen Fellachenwohnungen hinter sich, tritt in flaches, von einzelnen Canälen durchzogenes grünes Land, und nun zeigen sich in grauer Ferne, mitten in der Ebene, wie seltsame unbewegliche Geister, die *Memnons-Kolosse* — zwei nahezu 20 Meter hohe Steinfiguren, frei in der Ebene, auf ihren Sitzen starr in die weite Ebene über den Nil hinüber gegen die Bauwerke von Luxor schauend. An den Beinen der Kolosse sind Inschriften in demotischen, griechischen und lateinischen Lettern angebracht, welche die Sage bestätigen, dass diese Memnonsstatuen wirklich einst klingende Töne hervorbrachten. Indessen nimmt man an, dass dies Klingen erst seit dem Jahre 27 n. Chr. gehört wurde, d. h. seit in jenem Jahre anlässlich eines Erdbebens die eine Figur in der Mitte zerbrach. Eine gewisse Bestätigung dieser Annahme liegt auch darin, dass von den Inschriften, welche jenes Klingen erwähnen, keine vor die Zeit jenes Erdbebens zurückreicht. Septimius Severus liess den Bruch reparieren und von da an haben die beiden Riesen-Wächter ihr Singen wieder eingestellt. Es flankierten ehedem diese beiden Statuen-Kolosse ein in seinen Dimensionen ebenso gewaltiges Pylon, durch das man geradeaus weitergehend zu dem jetzt in Trümmern liegenden *Amenophium*, einem Memnonium (Erinnerungsdenkmal in Tempelform) Amenhoteps III. gelangte. — Weiter nördlich liegend besuchten wir das *Ramesseum*, errichtet von Ramses II. mit Kolossalstatue dieses Ramses, vielen historischen Bas-reliefs und mächtigen Säulenreihen. — Dann ging es südlich gen *Medinet Habu* mit seinen vielen imposanten Tempelanlagen, Säulenhallen, Basreliefs, mit den prächtig dekorierten und farbig ausgemalten Sälen, reich skulptierten Pylonen, dem Memnonium Ramses III. und einer Unmenge kleiner und grosser Räume für verschiedenste Zwecke. Ganze Berge von antiken *Ziegelbauten* mischen sich zwischen die altägyptischen Steingebäude, und man vermutet, dass diese nicht selten kuppelartig gewölbten Ziegelhäuser als die Wohnorte der Priester und als Schulen aufzufassen sind. Ersichtlich sind von diesen Ziegelbauten viele übereinander gebaut worden, d. h. man hat nach

Ansicht des Ramesseums und im Hintergrunde das Gebirge mit den Königsgräbern.

Einsturz der alten, neue Wohnungen darüber errichtet. Viele derselben mögen aus sehr alter Zeit stammen (wie man auch beim Ramesseum in solchen Ziegelbauten Ziegel mit dem Stempel von Ramses II. gefunden hat), die Mehrzahl aber dürfte aus ptolemäischer, römischer und besonders byzantinischer Zeit stammen; denn schon im V. Jahrhundert nach Christus hatten *Kopten* hierhinein ihre Wohnungen gebaut. Als ich diese Unmenge altverschütteter Gebäude sah, hätte ich am liebsten gleich ein paar Dutzend Arbeiter zur Stelle gewünscht, um hier Nachforschungen in diesen seltsamen Ruinenbergen zu veranstalten. Augenblicklich ist man damit beschäftigt, unweit dieser Tempelbauten ein Gebäude aufzuführen, das den von der Regierung zur Untersuchung dieser Ruinen hierhergesandten Forschern gestattet, hier in Medinet selbst wohnen zu können, ohne in Steinhöhlen oder unter Zelten ihr Unterkommen finden oder täglich den Weg von Luxor nach hierher machen zu müssen. Die antiken Ziegel ergeben dabei willkommenes Baumaterial! Viel gäbe es noch über das Gesehene zu berichten; denn nun ging's in das kahle *Thal der Könige* und zu den mit reichen Malereien geschmückten *Gräbern*. Und manch' anderer interessanten Baureste wäre noch zu gedenken, aber dies Terrain ist schon von so vielen Ägyptologen durchwandert und beschrieben worden, dass ich es füglich unterlassen kann, Ihnen mit schwachen Andeutungen den — Mund wässrig zu machen.

Kaum 4 Tage konnte ich all' diesen Sehenswürdigkeiten widmen, dann kam von Assuan der Dampfer „Hato-soo" Nilabwärts und entführte mich wieder gen Girgeh, die Bahn weiter nach Cairo.

Zwölfter Brief.

Aegyptens Altertümerhandel.

In keinem Lande der Welt steht die ganze Bevölkerung so eng im Zusammenhang mit dem Altertümerhandel, wie gerade in Ägypten. Der hohe, wie der niedrige Beamte, der Fellache, wie der arabische Händler, der Beduine, wie der in Ägypten bedienstete Sudanese, auch die eingewanderten griechischen und syrischen Händler und Wucherer, die als Ingenieure und Beamten hergerufenen Engländer, die als Kaufleute und Fabrikanten dort hingezogenen Deutschen, Schweizer etc., der simple Eseltreiber, wie der Pascha, der Lohndiener, wie der Millionär — alles beschäftigt sich nebenbei mit Altertümern. Das Land ist so unermesslich reich an Altertümern, dass, fast möchte ich sagen, jeder Spatenstich irgend eine Antiquität zu Tage fördert, dass man kaum zehn Schritte gehen kann, ohne nicht durch Bilder oder Originale an die grossartige Vergangenheit dieses Landes erinnert zu werden. Ein Jeder im Lande weiss, dass diese Altertümer gesucht sind und ihr Verkauf eine kleine Nebeneinnahme zu erbringen möglich macht. Der Fellache, so unwissend er sonst auch sein mag, hebt die Scarabäe oder das Bronzefigürchen, die er beim Ackern findet, sorgfältig auf, um sie beim nächsten Anlasse einem vorbeiziehenden arabischen oder koptischen Händler um einen Spottpreis zu verkaufen oder gegen eine Kleinigkeit zu vertauschen. Der Ersteher legt seinen Ankauf zur Barschaft, die er in ein Tuch eingewickelt bei sich trägt, und giebt bei nächster Gelegenheit mit einigen Piaster Gewinn die erworbenen Fundstücke einem Kopten oder Araber ab, welcher in der Umgegend dafür bekannt ist, dass er dergleichen Dinge aufkauft. Dieser wiederum wartet, bis ein glücklicher Zufall ihm Altertümersuchende Touristen in die Hütte bringt — und dann erfolgt der Verkauf mit *gewaltigem* Preisaufschlag — oder er reist zu einem Konsularagenten, ihm seine Erwerbungen anzubieten. Diese Konsularagenten oder Konsuln, meist reiche Kopten oder Araber, sitzen gewöhnlich an von Europäern besonders stark besuchten Plätzen. Bei ihnen strömen die Fundsachen zusammen, und von ihnen aus gehen sie dann in den Besitz der diese Konsulen aufsuchenden Touristen, Archäologen und Museumsbevollmächtigten über. Ich habe manch' gutes Stück an solchen Quellen gefunden, und viele dieser Konsuln sind durch lange Uebung treffliche Kenner geworden. Aber die eben geschilderte Art und Weise, wie diese Altertümer reisen, und wie sie die Hände wechseln, bis sie dem Europäer beim Konsul zu Gesichte gelangen, macht es überaus schwierig, *richtige Fundnachrichten* zu erhalten. In Luxor sah ich beispielsweise *koptische Stoffe und Steine,* von denen ich bei weiterm Sondieren erfuhr, dass sie von Achmim hierhergebracht worden waren. Bei einem Beduinensheik in Gizeh sah ich die später von Theodor Graf erworbene Sammlung *antiker Gypsköpfe,* deren Mehrzahl aus dem Fayum stammt, von denen aber mehrere vorzügliche Stücke durch einen griechischen Zwischenhändler aus Achmim, also von Oberägypten

Ein koptischer Antiquar
von Achmim.

— 99 —

VIII

Inneres einer königlichen Grabkammer
bei Medinet-Habû.
Mit landwirtschaftlichen und Widmungsszenen in vielfarbiger Malerei.

VIII

Inneres einer königlichen Grabkammer
bei Medinet-Habû.
Mit landwirtschaftlichen und Widmungsszenen in vielfarbiger
Malerei.

nach Gizeh, Unterägypten, an jenen Sheik verkauft worden sind. Und nun gar die Altertümer aus altägyptischer Zeit — sie wandern von Oberägypten nach Unterägypten und werden dort als unterägyptische verkauft, wie umgekehrt sogar viele unterägyptische Fundsachen den Weg nilaufwärts bis Luxor machen, weil dort die Nachfrage infolge der vielen Fremden eine besonders starke ist, und dort für die gewöhnliche Handelsware vielfach bessere Preise bezahlt werden, als in Cairo. — Alles aber, was von besonderer Güte und Schönheit ist, wandert nach Cairo, als dem Hauptstapelplatze, und hier werden für gewisse ägyptische Klein-Altertümer Preise geboten, die selbst in Europa für diese Dinge nicht bezahlt werden. So haben in Ägypten schöne Scarabäen, königsblau emaillierte und fein modellierte Terracotten und solche, die sich zu schönen Schmucksachen eignen, höhere Preise, als sich dafür in Europa erzielen liessen. Gewiss sind viele Europäer — natürlich wieder besonders Engländer und Amerikaner — für diese Dinge die Käufer, aber in Ägypten zahlt man sie eben weit höher, als die gleiche Person sie in Europa bezahlen würde — ein Jeder steht unter dem gewaltigen Eindrucke, den das alte Pharaonenland auf ihn ausübt, vergisst den Geldeswert und lässt die Taxe nach dem wahren Handelswerte gegenüber dem Wunsche, möglichst viele und schöne Andenken nach Hause zu bringen, zurücktreten. Für Stücke allerersten Ranges aber, wie grosse Papyrusfunde, hervorragende Statuen und andere geschichtlich oder kunstgeschichtlich wichtige Funde tritt allerdings Europa in Gestalt seiner grössten Museen (Paris, Berlin, London etc.) zu den ägyptischen Käufern in starke Koncurrenz, und wenn irgend ein grosser ägyptischer Sammler in Bezug auf eines seiner Hauptstücke mit dem Bevollmächtigten eines europäischen Museums handelseinig geworden ist, so finden sich leicht Mittel und Wege, die Beute trotz Ausfuhrverbots über die Grenze zu bringen — auch wenn die Kiste *nicht* das Siegel der Aufsichtskommission trägt. Und fabelhafte Preise werden für schön modellierte frühe Bronzen, hervorragend schöne und interessante Holzfiguren und dgl. mehr bezahlt. — Da geht es oft in die vielen Tausende von Francs, in die Zehntausende, wenn es sich um ein Stück allerersten Ranges handelt.

»In jedem Sammler steckt ein Stück Händler, und in jedem Händler ein Stück Sammler« — dieses auf unser europäisches Kunstleben gemünzte Wort hat auch auf ägyptische Verhältnisse Geltung: Die ägyptischen Sammler kaufen, verkaufen und tauschen, und die Händler lieben ihre Ware, wie die unsern ihre Porzellane und Mittelaltersachen. Sie zahlen ihre Schätze selbst oft ansehnlich teuer und müssen das umsomehr, als sie selbst gewöhnlich nicht reisen, sondern sich der Zwischenhändler bedienen und die täglich zahlreichen Angebote in ihren Läden abwarten. »Vorsicht ist die Mutter der Weisheit« sagen sie sich; denn ein früherer Cairoer Händler wurde einst von Beduinen unter dem Vorwande, ihm eine grosse Bronzestatue zeigen zu wollen, in eine Tempelruine gelockt, dort ermordet und des mitgenommenen Kaufgeldes beraubt.

Gerade die Beduinen aber betreiben in Unterägypten einen schwunghaften Antikenhandel — sie sind unermüdlich im Aufsuchen von Altertümern und sind ebenso glücklich im Kaufen, wie im Verkaufen. Vor den Pyramiden von Gizeh drängen sie sich scharenweise um die ankommenden Fremden und bieten ihnen — ächte und falsche — Kleinaltertümer an. Aber diese sind nicht immer auf die ehrlichste Weise erworben, und ich erhielt davon gleich bei meinem Besuche der Pyramiden einen Beweis; denn ich erwarb dort eine kleine römische Bronzebüste, die nachträglich sich als einem Beduinensheik in Gizeh *gestohlen* erwies. Um so bessere Ankaufe machte ich bei anderen Beduinen, insbesonders auch bei einem Beduinensheik in dem unterhalb der Pyramiden gelegenen Dorfe El-Kafr. Nach geschehenem Handel wurde ich eingeladen, mein Mittagsmahl bei ihm einzunehmen, und hier war es, wo ich — als lehrreiche Vorübung für die Tour nach Oberägypten — auf Teppichen hockend das Essen mit den Fingern lernte und mich an arabische Kost gewöhnte.

Die Baronin von Minutoli berichtet 1820, dass vor 15 Jahren, also zu Anfang dieses Jahrhunderts, ein Besuch der Pyramiden von Gizeh für einen Fremden nur mit einer Eskorte von 100 Soldaten möglich war, wollte man vor den die Pyramiden umlungernden Arabern ungeschoren bleiben. Heute fehlen zwar dort diese herumlungernden Schwarzgesichter immer noch nicht, aber in der Regel sind es nur die *falschen Altertümer*, welche der Fremde noch an ihnen zu fürchten hat. Die vielen kleinen Götterfiguren und Münzen, die sie anbieten, sind ja meist ächt; bringen sie aber Scarabäen von allen Formaten zum Vorschein, dann heisst es Vorsicht, denn nichts wird so sehr gefälscht, als Scarabäen, und man kann fast als Grundsatz annehmen, dass je grösser die angebotene Scarabäe, desto sicherer sie falsch ist. Geradezu amüsant waren die mir auf dem Ritte von Luxor nach dem Ramesseum und den Memnonsstatuen in Theben angebotenen derartigen Falsificate. Man könnte jenen Weg beinahe als die ›rue des antiquaires‹ bezeichnen; denn hier wartet von Distanz zu Distanz irgend ein Araber auf den vorüberreitenden Fremden, um ihm »Altertümer« anzubieten. Da sah ich in beinahe eines Jeden Hand solch' grosse Scarabäen, dass man damit einen Menschen hätte totschlagen können. Oft faustgross waren diese ganz plumpen Machwerke, und es ist kaum glaublich, wie man auf dergleichen hereinfallen kann — aber allem Anschein nach »werden die Dummen nie alle.« Sogar eine antike ächte Leinentunica wurde mir angeboten, auf welche neuerdings altägyptische Figuren gemalt waren, dazu falsche Holzfiguren, falsche Terracotten und — wenig Ächtes! — Immer aber glauben die Touristen bei diesen Leuten „*Funde*" machen zu können; sie wollen »billig« kaufen und bringen dann gewöhnlich eine Unmenge wertloser Machwerke nach Hause, denen die Enttäuschung auf dem Fusse folgt. Hier gilt, was auch die Europäischen Sammler nach bezahltem »Lehrgeld« sich sagen: »Besser teuer und gut, als billig und schlecht.«

www.ingramcontent.com/pod-product-compliance
Lightning Source LLC
Chambersburg PA
CBHW020144170426
43199CB00010B/885